城市轨道交通建设管理系列丛书

城市轨道交通工程
安全生产文明施工标准化实施手册

李新航　周静增　主编

中国建筑工业出版社

图书在版编目(CIP)数据

城市轨道交通工程安全生产文明施工标准化实施手册/李新航,
周静增主编. —北京:中国建筑工业出版社,2017.7

(城市轨道交通建设管理系列丛书)

ISBN 978-7-112-20742-8

Ⅰ.①城… Ⅱ.①李… ②周… Ⅲ.①城市铁路-铁路施工-
安全生产-安全标准-中国-手册 Ⅳ.①U239.5-65

中国版本图书馆 CIP 数据核字(2017)第 098919 号

责任编辑:李玲洁 王 磊 田启铭
责任设计:谷有稷
责任校对:焦 乐 王雪竹

城市轨道交通建设管理系列丛书

城市轨道交通工程安全生产文明施工标准化实施手册

李新航 周静增 主编

*

中国建筑工业出版社出版、发行(北京海淀三里河路9号)

各地新华书店、建筑书店经销

北京红光制版公司制版

北京君升印刷有限公司印刷

*

开本:787×1092毫米 1/16 印张:11 字数:265千字

2017年11月第一版 2017年11月第一次印刷

定价:**38.00**元

ISBN 978-7-112-20742-8

(30383)

城市轨道交通建设管理系列丛书
编 辑 委 员 会

顾　　问：王云江

主　　任：史文杰

副主任：郦仲华　郑少午　童朝宝　李新航

　　　　　应一可

委　　员：（按姓氏笔画排序）

于航波　　王建华　　尤福伟　　叶　罡

包　亮　　成广谋　　吕威帆　　孙　红

李小龙　　吴祖福　　张　杰　　张文宏

张海东　　陈　雷　　林　涛　　林廷松

林志祥　　周静增　　侯　赟　　俞南均

顾振伟　　郭玉达　　曹秀丽　　喻淳庚

程云芳　　戴　军　　戴旭东

《城市轨道交通工程安全生产文明施工标准化实施手册》

主　编： 李新航　周静增

副主编： 陈　雷　戴旭东　郦仲华

主　审： 史文杰　王云江

编　委：（按姓氏笔画排序）

马俊峰　王建华　王建望　王梦福

尤福伟　牛要闯　包　亮　成广谋

李娟娟　李超群　汪红干　宋旭刚

张　杰　张文宏　张莹钢　陈　雁

陈文祥　林志祥　周尚春　俞南均

莫立中　郭玉达　喻淳庚　程思齐

蔡佳旻　戴　军

总　　序

随着我国国民经济的不断发展，城市化进程步伐的加快，城市"出行难"的社会问题越来越突出，而城市轨道交通以其运能大、能耗低、污染少、速度快、安全、按时的优点，让它成为深受广大市民欢迎的交通工具。当前各大城市的轨道交通建设均进入了快速发展期，而建设、勘察、设计、施工及监理等专业技术和管理人才紧缺的问题却日益突出。城市轨道交通是集土木、水文、机械、线路、车辆、供电、通信信号、自动售检票等多个专业工种于一体的综合系统工程。各种新工艺、新技术在城市轨道交通各个专业中也得到充分运用。这些都相应地要求城市轨道交通建设从业人员必须掌握一定的专业知识和具备知识更新能力。为了提高轨道交通建设管理水平、保证工程的质量和施工安全，同时也便于现场一线技术管理人员、政府质量安全监督管理人员和内业资料人员的查找对照，我们编写了这套《城市轨道交通建设管理系列丛书》。本系列丛书主要是总结近十年来杭州城市轨道交通工程建设的经验和教训，同时依据建设主管部门的相关法规和规章，以及参考了诸多兄弟城市的先进做法，按照施工现场的安全生产文明施工标准化的实施、工程的质量安全风险监管、现场的安全管理、内业资料的整理、安全台账的编制，工程计量计价的实例解析以及养护维修等进行分类编写。本系列丛书主要包括：

(1)《城市轨道交通工程安全生产文明施工标准化实施手册》；
(2)《城市轨道交通工程质量安全风险监管要点》；
(3)《城市轨道交通工程施工安全管理》；
(4)《城市轨道交通工程计量与计价实例解析》；
(5)《城市轨道交通工程资料与编制范例》；
(6)《城市轨道交通工程安全台账编制》；
(7)《城市轨道交通工程养护维修》。

本系列丛书可作为城市轨道交通工程的建设、施工、监理相关专业技术管理人员学习的读本，或作为城市轨道交通工程专业大中专教材或课外学习资料。

本系列丛书编写过程中，得到了杭州市建设工程质量安全监督总站、杭州市地铁集团有限责任公司、杭州市钱江新城投资集团有限公司、浙江大成建设集团有限责任公司、宏润建设集团公司杭州分公司、中铁建电气化局集团市政分公司、铁四院工程监理咨询公司杭州分公司、上海隧道工程股份有限公司浙江分公司、中铁一局集团公司杭州办事处、萧宏建设集团有限公司、鲲鹏建设集团有限公司、杭州市路桥集团股份有限公司、中铁四局集团电气化工程有限公司等单位的大力支持和热情帮助，在此一并表示衷心的感谢。

由于时间仓促，本系列丛书中难免存在一些疏漏、不足，真诚希望广大读者和同行提出宝贵意见。

前　言

　　杭州地铁自 2007 年开工建设以来，一直备受社会各界的关注。杭州市委、市政府及各级管理部门为深入贯彻党中央、国务院、浙江省关于加强安全生产、文明施工工作的一系列部署，牢固树立"以人为本、和谐发展"的理念，进一步强化杭州地铁建设过程中的安全生产、文明施工监督管理工作，彰显"品质杭州、魅力杭州"的城市文化。杭州市建设工程质量安全监督总站（以下简称"市质安监总站"）大力在地铁建设工程领域推行安全生产、文明施工"双标化工地"创建活动，形成了许多宝贵经验和典型做法。当前，杭州地铁建设里程、规模日益扩大，为巩固地铁工程建设"双标化工地"创建成果，秉承现代工程施工先进理念，市质安监总站组织杭州市地铁集团有限公司、中铁隧道集团有限公司、中铁二局集团有限公司、中铁十九局集团有限公司、中铁三局集团有限公司等单位共同编写了《城市轨道交通工程安全生产文明施工标准化实施手册》（以下简称《手册》）。本《手册》以"规范基础管理、场地标准布设"为重点，针对施工生产中的安全、文明施工常见的薄弱环节，有针对性地提出了现阶段安全生产、文明施工标准化的重点建设内容，为推行施工生产安全、文明施工"双标化工程"管理提供了制度保障和样板引领作用，旨在提高各责任主体施工管理水平，共同推进地铁工程"双标化工地"建设的进程。

　　本《手册》立足项目基础管理，着眼施工现场，采用图文并茂的形式详尽介绍施工生产过程中的安全生产、文明施工的重点。安全生产管理体系及人员管理部分共计 4 个小节，涵盖了创"双标化、创优质"工程管理、安全生产管理体系、安全教育培训、特种作业人员及特种设备管理。安全管理部分共计 7 个小节，涵盖了安全防护、施工用电、风险源管理、轨行区安全管理、应急管理、职业病危害预防及防治措施以及安全管理台账等内容；文明施工及现场管理部分共计 8 个小节，涵盖了文明施工管理、项目部驻地建设、管线迁改及交通导改、车站工程施工现场建设、盾构工程施工现场建设、施工扬尘及噪声控制、和谐（社区）共建以及文明施工管理台账等内容。本《手册》力求实现相关法律法规在地铁建设工程领域的具体化、管理工作的系统化，是杭州地铁建设安全生产、文明施工管理进一步趋于规范化、标准化的尝试和探索。

　　本《手册》编制工作历时一年有余，编审委员会以实地调研、组织座谈、专家审查等形式，广泛听取杭州地铁建设监督主管部门、建设、施工、监理等单位的意见和建议，多次研讨，数易文稿。

　　本《手册》初次编制，难免存在不足之处，欢迎相关单位提出宝贵意见和建议。意见和建议以书面形式，请反馈至杭州市建设工程质量安全监督总站编写组（杭州市莫干山路 100 号耀江国际大厦 A 座 12 楼地铁监督二科），以供本《手册》今后修改和完善。

目　　录

第1章 安全生产管理体系及人员管理

1.1 创"双标化、创优质"工程管理

1.1.1 基本要求

（1）轨道交通工程建安工程造价在 3000 万以上（含 3000 万），县（市）建安工程造价在 2000 万以上（含 2000 万）或工程规模未达到上述要求，但具有显著经济效益、社会效益和环境效益，在创建方面成绩突出的工程，均应积极创建杭州市建设工程安全生产文明施工标准化样板工地。

（2）创建市"双标化工地"过程包括创建杭州市建设工程质量安全监督总站（区、县、市）标化工地和创建杭州市安全生产、文明施工标准化样板工地。

（3）杭州市建设工程质量安全监督总站标化工地创建，依据文件《关于印发〈杭州市开展建筑施工安全质量标准化工作实施方案〉的通知》（杭建工发〔2012〕389 号）、《关于加强安全生产文明施工标准化工地管理工作的通知》（杭建监总〔2012〕97 号）和《关于统一市样板工地申报资料格式的通知》（杭建监总〔2012〕98 号）；杭州市安全生产、文明施工标准化样板工地创建依据文件主要是《关于印发〈杭州市建设工程安全生产、文明施工标准化样板工地管理办法〉的通知》（杭建工发〔2005〕703 号文）和《关于印发〈杭州市开展建筑施工安全质量标准化工作实施方案〉的通知》（杭建工发〔2012〕389 号）。

1.1.2 杭州市"双标化"样板工地创建流程图

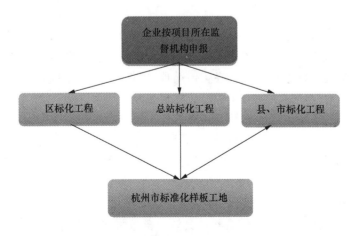

图 1.1-1 市双标化样板工地创建流程图

1.1.3 市质安监总站标化工地创建管理流程

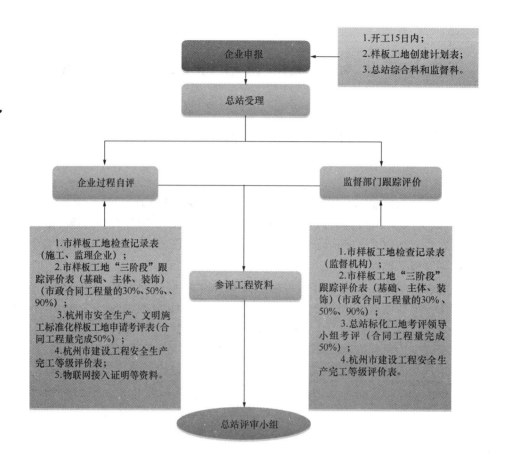

图 1.1-2 总站标准化样板工地创建管理流程图

注意事项：

（1）符合创建条件的建设工程，应在工程开工 15 日内将《杭州市建设工程安全生产、文明施工标准化样板工地创建计划表》报市总站相应监督科室和综合科各一份。

（2）凡申报标化工地的建设工程在主体结顶（市政工程为合同工程量完成 50%）时，应填写《杭州市安全生产、文明施工标准化样板工地申请考评表》，报总站相应监督科室，经工程监督科室确认盖章后送总站综合科。综合科收到《杭州市安全生产、文明施工标准化样板工地申请考评表》后，提交市总站标化工地考评领导小组，考评领导小组组织人员对现场创建情况进行考核评价，考核评价结果和三阶段评价共同作为评定标化工地的依据。

（3）凡在 9 月 30 前竣工的工程，可参加当年度标化工地评选，相关企业应在当年度 9 月 15 日前提交相关资料至总站综合科，具体资料参照创建依据的相关文件。

1.1.4 市"双标化"工地与创优质工程关系图

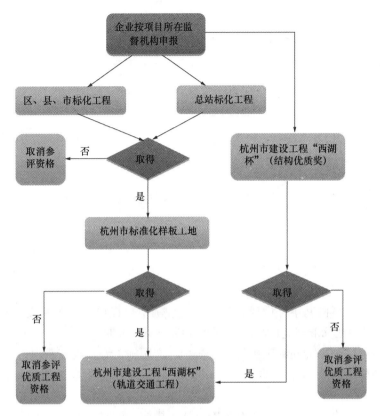

图 1.1-3 市双标化样板工地与创建优质工程流程图

1.2 安全生产管理体系

1.2.1 安全生产目标

杭州市地铁工程建设一般以"创建市安全文明标准化工地、力争省安全文明标准化工地"为目标，建设单位在施工合同中予以明确。

1.2.2 工程项目安全生产领导小组

地铁工程项目应成立项目安全生产领导小组，组长由建设单位项目负责人担任，副组长由施工单位项目经理、监理单位总监理工程师担任，勘察、设计、施工、监理、监测等单位相关人员为小组成员。

项目安全生产领导小组应贯彻落实国家、省、市及行业有关安全生方针政策、法律法规和技术标准，制订安全生产指标和安全工作计划，落实项目安全生产措施，规范施工安全管理程序，开展安全检查评价，定期组织应急演练，督促落实各责任企业安全生产责任。

1.2.3 建设单位责任体系

1. 组织管理机构

建设单位应成立安全生产领导小组，组长由建设单位负责人担任，副组长由建设单位分管安全负责人、总工程师担任，成员由各部门负责人组成。安全生产领导小组下设办公室，主任由安全管理部门负责人兼任。

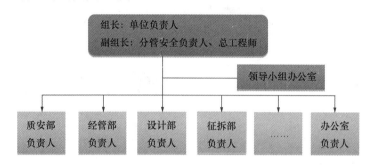

图1.2-1 建设单位安全生产领导小组机构示意图

2. 安全生产责任

（1）安全生产责任

① 建设单位应当向施工单位提供与施工现场有关的周边环境、管线等资料，并保证资料的真实、准确、完整。

② 建设单位不得向勘察、设计、施工、监理等单位提出不符合建设工程安全生产的法律、法规和强制性标准规定的要求，不得压缩合同的工期。

③ 建设单位必须按合同约定拨付安全防护、文明施工专项措施费用。

④ 建设单位不得明示或者暗示施工单位购买不符合安全要求的设备、设施器材和用具。

⑤ 开工前，建设单位必须审核有关安全施工措施的资料，报市质安监总站备案。

（2）建设单位与工程参建单位签订安全生产责任书

建设单位应与下列工程参建单位签订安全生产责任书：①勘察单位；②设计单位；③施工单位；④监理单位；⑤检测单位；⑥监测单位。

（3）内部各岗位安全生产责任书

建设单位应与内部各部门部长、科长、工作人员签订安全生产责任书。

3. 安全生产管理制度

建设单位安全生产管理制度 表1.2-1

类别	制度名称	主要内容
项目管理	安全生产会议制度	会议分领导小组会议、安全例会和安全生产专题等形式，会议制度应包括制度适用范围、职责和工作程序，重点明确会议频次、参会人员、讨论议题、会议签到、会议记录和纪要等
	安全生产责任制及考核制度	制度明确建设单位与施工、监理等单位签订的安全生产责任书内容、签订频次、履行情况的考核、奖惩等内容，是安全生产责任体系的重要载体
	安全生产专项费用使用制度	制度应明确项目安全生产专项费用的使用范围，支付方式、审批流程和监督管理等内容
	安全生产检查评价制度	制度应明确检查的目的、要求、依据、标准、形式、内容、分工职责、频次、整改以及对检查效果的评价、奖惩等内容

类别	制度名称	主要内容
项目管理	标化工地考核评价制度	制度应明确项目安全生产条件审查、施工过程标化工地创建内容、实施步骤、职责分工和考核评价标准、评价周期、考核结果运用等内容
	安全事故隐患排查治理制度	制度应明确工程项目安全事故隐患分级管理、一般安全事故隐患排查方式、治理措施和责任分工，重大安全事故隐患治理方案、时限、措施、资金和责任人等内容
	安全生产奖惩制度	制度应明确安全生产奖励、处罚的标准条件及具体方式等内容
	施工安全风险评估制度	制度应明确风险评估的范围、方法、程序、组织、报告格式、结果运用等内容
	危险性较大分部分项工程安全管理制度	制度应明确危险性较大分部分项工程的划分，施工监理单位的管理职责，专项施工方案的审批及实施等内容
	安全生产应急管理制度	制度应明确预案编制、审核的程序要求，预案构成的主要因素、应急处置组织、应急演练计划、方案评审改进等内容
	安全生产事故报告制度	制度应明确事故报告的责任、信息报送流程、内容、时限等内容
内部	安全生产责任制及考核制度	制度明确各层级之间安全生产责任书内容、签订频次、履行情况的考核、奖惩等内容
	安全生产教育培训制度	制度应明确建设单位内设机构的培训对象、内容、学时、频次和考核等内容

1.2.4 监理单位责任体系

1. 组织管理机构

工程项目监理单位应成立安全生产领导小组，组长由总监理工程师担任，副组长由总监代表、安全监理工程师担任，成员由各专业监理工程师、监理员组成。

2. 安全生产责任

（1）安全生产责任

① 监理单位和监理人员应按照法律法规、规章和标准规范实施监理，并对工程项目安全生产承担监理责任。

② 监理单位应审查施工合同约定的项目安全生产条件、施工组织设计中的安全技术措施、危险性较大工程的专项施工方案，以及项目安全生产专项费用计提使用情况。

③ 监理单位应按规定核查施工单位特种设备进场检验验收情况，组织施工安全检查，督促事故隐患治理，按季度做好标化工地考核评价工作。

④ 在监理巡视检查时，发现安全事故隐患的，应及时下达书面指令要求施工单位进行整改或停工。施工单位拒绝整改或者整改不到位时，监理单位应及时将情况向建设单位报告，对存在重大安全隐患的，应及时向杭州市建设行政主管部门（市质安监总站）报告。

（2）监理单位各岗位安全生产责任书

监理单位应与以下岗位签订安全生产责任书：①总监理工程师；②总监代表；③专业

监理工程师；④安全监理工程师；⑤监理员。

3. 安全生产管理制度

监理单位安全生产管理制度　　　　　　　　　　　　　表 1.2-2

类别	制度名称	主要内容
项目管理	安全生产会议制度	会议领导小组会议、安全例会和安全生产专题等形式，会议制度应包括制度适用范围、职责和工作程序，重点明确会议频次、参会人员、讨论议题、会议签到、会议记录和纪要等
	专项施工方案审查制度	制度应明确制度的适用范围、审查程序、内容、职责分工和督促落实等内容
	安全生产检查评价制度	制度应明确检查的目的、要求、依据、标准、形式、内容、分工职责、频次、整改等内容
	安全事故隐患督促整改制度	制度应明确事故隐患分级管理、督促整改的责任分工与管理流程、指令格式和整改验收方式等内容
	标化工地考核评价制度	制度应明确项目安全生产条件审查、施工过程标化工地创建内容、实施步骤、职责分工和考核评价标准、评价周期、考核结果运用等内容
	特种设备复核制度	制度应明确施工单位特种设备进场报验流程和资料清单，复核的内容、程序和工作职责等内容
	安全专项费用审查制度	制度应明确项目安全生产专项费用适用范围、报验的时间节点、费用的审核程序、方式、会计科目及票据等内容
	安全生产应急管理制度	制度应明确预案编制、审核的程序要求，预案构成的主要因素、应急处置组织、应急演练计划、方案评审改进等内容
	安全生产事故报告制度	制度应明确事故报告的职责、内容、报送程序、时限等内容
内部	安全生产责任制及考核制度	制度应明确监理单位内部各层级之间安全生产责任书内容、签订频次、履行情况的考核、奖惩等内容
	安全生产教育培训制度	制度应明确监理单位内部的培训对象、内容、学时、频次和考核等内容

1.2.5　施工单位责任体系

1. 组织管理机构

施工单位应成立工程项目安全生产领导小组，组长由项目经理担任，副组长由安全总监、副经理、项目技术负责人担任，成员由各部门负责人以及分包单位负责人组成。安全生产领导小组下设办公室，办公室主任由安全管理部门负责人兼任。

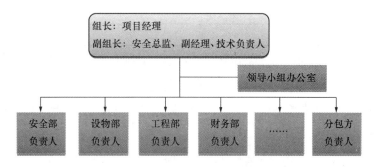

图 1.2-2 施工单位工程项目安全生产领导小组机构示意图

2. 安全生产责任

（1）安全生产责任

① 组织或者参与拟订本工程项目安全生产规章制度、操作规程和生产安全事故应急救援预案；

② 组织或者参与本工程项目安全生产教育和培训，如实记录安全生产教育和培训情况；

③ 督促落实本单位重大危险源的安全管理措施；

④ 组织或者参与本单位应急救援演练；

⑤ 检查本工程项目的安全生产状况，及时排查生产安全事故隐患，提出改进安全生产管理的建议；

⑥ 制止和纠正违章指挥、强令冒险作业、违反操作规程的行为；

⑦ 督促落实本工程项目安全生产整改措施；

⑧ 督促分包单位落实安全生产管理工作。

（2）安全生产责任书的签订

施工单位应根据岗位职责签订如下岗位人员安全生产责任书：①项目经理；②项目副经理；③项目技术负责人；④项目安全总监；⑤项目各职能部门管理人员；⑥班组长；⑦分包单位。

3. 安全生产管理制度

施工单位安全生产管理制度 表 1.2-3

制度名称	主要内容
安全生产会议制度	会议领导小组会议、安全例会和安全生产专题等形式，会议制度应包括制度适用范围、职责和工作程序，重点明确会议频次、参会人员、讨论议题、会议签到、会议记录和纪要等
安全生产责任制及考核制度	制度明确施工单位项目部各层级之间、与分包单位之间所签订的安全生产责任书（或安全合同）的内容、签订频次、履行情况的考核、奖惩等内容
安全生产专项费用使用制度	制度应明确安全生产专项费用适用范围、费用年度计划、费用支取申报程序与阶段，会计科目及票据，形成的固定资产管理等内容
安全生产检查评价制度	制度应明确检查的目的、要求、依据、标准、形式、内容、分工职责、频次、整改以及对检查效果的评价、奖惩等内容

制度名称	主要内容
标化工地考核评价制度	制度应明确项目安全生产条件审查、施工过程标化工地创建内容、实施步骤、职责分工和考核评价标准、评价周期、考核结果运用等内容
安全事故隐患排查治理制度	制度应明确工程项目安全事故隐患分级管理、一般安全事故隐患排查方式、治理措施和责任分工，重大安全事故隐患治理方案、时限、措施、资金和责任人等内容
安全生产教育培训制度	制度应明确施工从业人员岗位培训内容、学时、频次和考核等内容
施工安全技术交底制度	制度应明确分级、分专业、分岗位交底程序、内容等内容
施工安全风险评估制度	制度应明确施工现场危险作业环境和重大风险源辨识、分析、估测、评估结论审核等管理程序、职责分工、重大风险预警控制和书面告知等内容
专项施工方案的编制与审核制度	制度应明确适用范围、编制依据、编制原则、主要内容、安全保障措施、内部审核程序和责任分工、实施管理等内容
安全生产应急管理制度	制度应明确预案编制、审核的程序要求，预案构成的主要因素、应急处置组织、应急演练计划、方案评审改进等内容
安全生产事故报告制度	制度应明确事故报告的责任、信息报送流程、内容、时限等内容
施工设备安全管理制度	制度应明确施工设备设施的管理责任、等级要求、保养维修以及使用责任人资格等内容
劳动保护配备和管理制度	制度应明确安全防护用品的采购、验收、发放等级、使用等内容
施工现场消防安全责任制度	制度应明确施工现场消防安全责任分工、责任区域划分、器材配备台账、检查维护记录，消防器材管理等内容
危险品安全管理制度	制度应明确施工现场用火、用电、使用危险品等的消防安全管理程序、要求和责任分工，作业人员资格要求，危险品管理台账记录等内容
分包单位安全管理考评制度	制度应明确施工分包单位的管理台账、考评方式与时间、评价与结果运用等内容
特种作业人员管理制度	制度应明确特种作业人员的进场考核、岗前培训、继续教育、人员登记台账等内容
安全生产奖惩制度	制度应明确安全生产奖励、处罚的条件和方式，以及结果运用等内容
施工单位项目部主要负责人带班制度	制度应明确项目主要负责人带班生产、检查的工作计划、内容和实践要求、管理程序和内业资料等内容
施工作业操作规程	制度应明确施工各工序、工种的具体操作要领，培训要求，规程流转管理等内容
其他法律法规和行业内规章制度	

1.2.6　施工现场安全管理人员配备

建设单位代表配备　　　　　　　　表 1.2-4

配备标准	每2个施工标段配备不少于1人
人员资格资历	工程师以上，5年以上类似工程经验

注：当施工标段规模较大（超过两站两区间）时，应根据标段规模和施工工法等相应增加人员。

施工总承包单位项目机构有关负责人配备　　　　　　　表 1.2-5

岗位	职称	执业资格	工程经验
项目经理	工程师以上	注册一级建造师，安全B本	5年以上轨道交通工程经验或担任过轨道交通工程项目经理
项目安全副经理（或安全总监）	工程师以上	注册安全工程师或安全B本或安全C本	5年以上轨道交通工程经验或10年以上类似工程经验
项目技术负责人	高工以上	—	5年以上轨道交通工程经验
安全管理部门负责人	工程师以上	安全C本	5年以上类似工程经验

注：安全B本是指"建筑施工企业项目负责人安全生产考核合格证书"，安全C本是指"建筑施工企业专职安全员安全生产考核合格证书"。

施工总承包单位现场项目部主要安全质量人员配备　　　　表 1.2-6

	单位工程	专职安全员	风险监测人员
人数	车站（1座计）	明（盖）挖2人	监测人员不少于2人
		高架1	
	区间（按设2个竖井计）	明（盖）挖2人	监测人员不少于2人
		盾构1人	
		高架2人	
	人员资格资历	安全C本，3年以上类似工程经验	每标段至少有1人具有工程师以上职称，5年以上类似工程经验；其他人员应有测量上岗证（测量放线工或测量验线员或测量员或测量工证书）

注：1）高架区间超过2km作业区时，每增加1km配备1名专职安全员；

2）当专职安全员为3人及以上时，应按专业配备；

3）除遵守以上规定外，须同时满足：①项目部配备专职安全员不少于3人、风险监测人员不少于2人，②每单位工程至少需配备机电专职安全员1人，但车辆段应按其工程规模适当增加；

4）混合工法工程（如明暗结合）可参照相关单位工程配备标准合理配备人员；

5）安全C本是指"建筑施工企业专职安全员安全生产考核合格证书"；

6）多个单位工程组成的项目，相关人员配备数量按照单位工程数量累加。

专业分包单位项目机构主要安全人员配备　　　　　　表 1.2-7

岗位	项目经理	专职安全员
人数	1人	不少于1人
人员资格资历	注册二级建造师以上，安全B本，5年以上类似工程经验	安全C本，5年以上类似工程经验

注：安全B本是指"建筑施工企业项目负责人安全生产考核合格证书"，安全C本是指"建筑施工企业专职安全员安全生产考核合格证书"。

劳务分包单位现场主要安全人员配备 表 1.2-8

岗位	项目负责人	专职安全员
人数	1 人	施工人员在 50 人以下的，配备 1 名专职安全员，每作业面设 1 名群众安全员；50～200 人的，配备 3 名专职安全员，每作业面设 1 名群众安全员；200 人及以上的，配备 4 名及以上专职安全员，每增加 100 人增加 1 名群众安全员，并根据所承担的分部分项工程施工危险实际情况适当增加，且不得少于工程施工人员总人数的 5‰，每作业面设 1 名群众安全员
人员资格资历	5 年以上类似工程经验	专职安全员应取得安全 C 本，3 年以上类似工程经验

注：1）除遵守以上规定外，须同时满足：①劳务分包单位专职安全员不少于 2 人；②每单位工程（车站或区间）不少于 2 人。2）安全 C 本是指"建筑施工企业专职安全员安全生产考核合格证书"。

监理单位项目机构主要安全人员配备 表 1.2-9

岗位	职称	执业资格	工程经验
总监理工程师	工程师以上	国家注册监理工程师	5 年以上轨道交通工程经验
总监代表	工程师以上	注册监理工程师（含浙江省注册）	3 年以上轨道交通工程经验或 5 年以上类似工程经验
安全监理工程师	工程师以上	注册监理工程师或注册安全工程师，同时具有安全 B 本或安全 C 本	5 年以上类似工程经验

注：安全 B 本是指"建筑施工企业项目负责人安全生产考核合格证书"，安全 C 本是指"建筑施工企业专职安全员安全生产考核合格证书"。

1.3 安全教育培训

1.3.1 项目主要负责人、安全生产管理人员的安全教育培训

项目主要负责人与安全生产管理人员必须接受相关的安全培训，经过省级建设行政主管部门考核合格，取得《安全资格证书》后，方可任职。

1.3.2 特种作业人员安全培训

特种作业人员的安全培训详见 1.4.1 章节。

1.3.3 生产岗位员工安全教育培训

生产岗位员工的安全教育培训包括：班组长和兼职安全员的安全教育培训、岗前教育培训以及员工三级安全教育培训、员工转岗（重新上岗）安全教育培训以及"四新"安全教育培训。

1. 班组长和兼职安全员的安全教育培训

班组长和兼职安全员的安全教育培训由本单位组织实施，经考核合格后方可上岗；安全培训时间不得少于 24 学时。安全培训的主要内容包括：

（1）劳动安全卫生法律、法规、制度和标准；

（2）安全技术、职业卫生和安全文化等知识；

（3）本班组和有关岗位的危险危害因素、安全注意事项、本岗位安全生产职责；

（4）典型事故案例及事故抢救与应急处理措施等。

2. 岗前教育培训以及员工三级安全教育培训

所有普工必须取得杭州市建设行政主管部门的岗前教育培训合格证方可上岗作业，可由建设主管部门统一培训或取得自培自考资格的企业培训，统一考试取得上岗资格证。项目新员工上岗前应接受公司级、项目级、班组级三级安全教育。用人单位对其必须进行强制性安全培训，保证其具备本岗位安全操作、自救互救以及应急处置等所需的知识和技能，考试合格，方能安排上岗作业。

员工三级安全教育培训时间不得少于50学时（公司级15学时、项目级15学时、班组级20学时）。

员工每年接受继续培训的时间不得少于20学时。

（1）公司级安全教育由本单位公司层面组织实施，内容应包括：

① 劳动安全卫生法律、法规、制度；

② 通用安全技术、职业卫生和安全文化的基本知识，包括一般机械、电气安全、消防和气体防护等常识；

③ 公司安全生产的一般状况、性质、特点和特殊危险部位的介绍；

④ 公司安全生产规章制度和五项纪律（劳动、操作、工艺、施工和工作纪律）；

⑤ 职业健康、安全生产、环境保护（HSE）相关知识；

⑥ 有关事故案例等。

（2）项目级安全教育培训由项目负责人组织实施，内容应包括：

① 本项目的劳动安全卫生状况和规章制度；

② 工作环境及危险因素；

③ 所从事工种的安全职责、操作技能及强制性标准；

④ 所从事工种可能遭受的职业伤害和伤亡事故；

⑤自救互救、急救方法、疏散和现场紧急情况的处理；

⑥ 安全设备实施、个人防护用品的使用和维护；

⑦ 预防事故和职业危害的措施及应注意的安全事项；

⑧ 有关事故案例；

⑨ 其他有关安全生产知识。

（3）班组级安全教育由班组长负责组织实施，内容应包括：

① 岗位生产工艺流程、工作特点和安全注意事项；

② 岗位职责范围，应知应会；

③ 岗位安全技术操作规程，岗位之间工作衔接配合的安全与职业卫生事项；

④ 岗位事故预防措施，安全防护设施、个人防护用品的性能、作用和使用操作方法。

3. 转岗（重新上岗）教育

员工调整工作岗位或离岗一年以上重新上岗时，必须进行相应的工种和班组安全教育。

4. "四新"教育

采用新工艺、新技术或使用新设备、新材料的，必须对有关人员进行相应的有针对性的安全教育和培训（即"四新"教育），未经安全教育培训合格的人员，不得上岗作业。

1.3.4 员工日常安全教育

项目建立班组安全教育制度，并督促开展以班组为单位的安全教育活动。安全活动应有针对性，做到经常化、制度化、规范化，防止流于形式。项目应对班组安全活动的形式、内容、要求作出明确规定，做到有领导、有计划、有内容、有记录，对安全活动记录进行定期检查、签字，并写出评语。班组安全活动每月不少于 4 次，每次不少于 1 学时。

日常安全教育内容包括：

① 学习国家和政府颁发的有关安全生产的法律和法规；

② 学习有关安全生产文件、安全通报、安全技术规程、安全管理制度及安全技术知识；

③ 结合公司的事故汇编和安全信息，讨论分析典型事故，总结和吸取事故教训；

④ 开展防火、防爆、防中毒及自我保护能力训练，以及异常情况紧急处理和应急预案演练；

⑤开展岗位安全技术练兵、比武活动；

⑥ 开展查隐患、纠违章活动；

⑦ 开展安全技术座谈，观看安全教育电影和录像；

⑧ 其他安全活动。

1.4 特种作业人员及特种设备管理

特种作业人员是指在房屋建筑和市政基础设施工程施工活动中，从事可能对本人、他人及周围设备设施安全造成危害的作业人员。

地铁施工常用特种作业人员目录 表 1.4-1

序号	类别	备注
1	建筑电工	
2	建筑焊工（含焊接工、切割工）	
3	建筑架子工	
4	建筑起重信号司索工（含指挥）	
5	建筑起重机械司机	
6	建筑起重机械安装拆卸工	

特种设备是指地铁建设工程涉及的起重设备、施工机具设备。起重设备含履带式起重机、汽车起重机、龙门吊等。施工机具设备含土石方机械（挖掘机、装载机、压路机、推土机等）、成槽机和各类桩机。

地铁施工常用特种设备目录 表 1.4-2

序号	种类	类别	备注
1	成孔（槽）设备	旋挖钻机	
		三轴搅拌机	
		成槽机	
2	土石方设备	装载机	
		挖掘机	
		装载机	
3	地基加固设备	搅拌桩机、	
		高压注浆设备	

1.4.1 特种作业人员（工种）管理

杭州地铁建设工程的特种作业人员必须取得建筑施工特种作业人员操作资格证书（以下简称"资格证书"），方可上岗从事相应作业，特种作业人员管理按照《浙江省建筑施工特种作业人员管理办法（试行）》。浙江省建设主管部门未规定工种，应当持有相关管理机构培训证书（国家安全监督总局、质量技术监督局、各类培训机构等）并经施工企业岗位操作及安全知识培训后，上岗作业。

 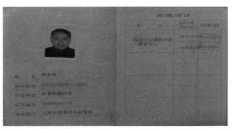

图 1.4-1　杭州市城乡建委证件图　　　　图 1.4-2　质量技术监督局证件

特种作业人员必须经专门的安全技术培训并考核合格，取得《特种作业操作证》（以下简称特种作业操作证）后，方可上岗作业。

图 1.4-3　特种作业人员管理图

1.4.2 特种设备管理

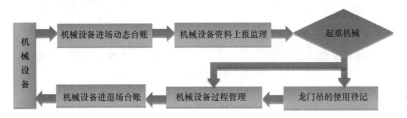

图 1.4-4　特种设备管理图

1. 设备进退场管理

（1）起重设备

1）进场起重设备必须在特种设备检测机构检验检测合格，并到杭州市质量安全监督总站办理使用登记手续（龙门吊、塔吊）。外租起重设备，还必须签订租赁合同和安全管理协议。

2）进场需要重新安装、拆卸的龙门吊、塔吊、履带式起重机等设备，必须委托具有相应资质的单位进行。按照安全技术标准及建筑起重机械性能要求，编制安拆方案，经安装、拆卸单位负责人审定，报施工、监理单位审查后组织实施。对于起重量在 30t 以上的龙门吊的安拆方案、组合式塔吊基础施工方案，必须经专家论证，按照专家的意见修改完善方案并经施工、监理单位审查后组织实施。

　　3）安装完成后，经法定（特种设备）检测机构检验检测合格及流动式起重机械作业检查确认完成后，方可使用。

图 1.4-5　租赁合同

图 1.4-6　安全管理协议

图 1.4-7　安拆方案及报验

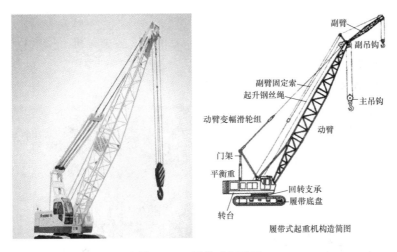

副臂
副吊钩
副臂固定索
起升钢丝绳
主吊钩
动臂变幅滑轮组
动臂
门架
平衡重
回转支承
履带底盘
转台

履带式起重机构造简图

图 1.4-8　履带式起重机

4）应制订并落实设备安全操作规程和有关安全管理制度及专项吊装方案和安装（拆卸）事故应急救援预案。

图 1.4-9　起重机械作业前确认表　　图 1.4-10　检测报告

图 1.4-11　拆卸事故应急预案

（2）大型设备

1）大型设备进场必须办理进场报验手续，成槽机、各类桩机上报资料内必须包括产品合格证、检验检测合格报告等相应资料。

2）设备退场及时报告监理单位。

图1.4-12 成槽机

图1.4-13 机械设备退场报审单

2. 设备检查、保养

（1）起重设备

1）设备操作人员应在每班作业前，必须检查钢丝绳及钢丝绳的连接部位、设备吊索具等进行日常维护保养，并做好记录。

2）人员持证情况

起重设备的安装拆卸工、起重司机、起重指挥、司索等特种作业人员应当经建设主管部门考核合格，并取得特种作业操作资格证书后，方可上岗作业。

3）设备标识

起重设备必须在指定位置张挂验收合格牌、人员信息牌（尺寸一致）和操作规程。

图1.4-14 验收合格牌

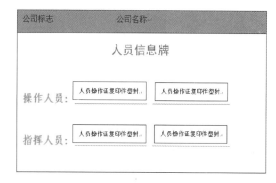

图1.4-15 人员信息牌

4）安全警告和信号

起重设备吊钩颊板、起重臂头部、转台尾部等突出部位应涂刷警告图案；起重设备应装有音响清晰的喇叭、电铃或汽笛等信号装置。

5）各类安全装置

起重设备的变幅指示器、力矩限制器、起重量限制器以及各种行程限位开关等安全保护装置必须齐全、灵敏可靠，不得随意拆除或调整；严禁利用限制器和限位装置代替操纵系统。

6）卷筒和滑轮

① 钢丝绳在卷筒上排列应整齐有序，在臂架最小幅度、吊钩处于最低位置时在卷筒上至少保留 3 圈。卷筒两侧边缘高度应超过最外层钢丝绳直径的 2 倍。

② 卷筒上钢丝绳尾端固定装置应有防松或自紧性能，卷筒防脱棘爪灵敏可靠。

③ 滑轮槽应光洁平滑，不应有损伤钢丝绳的缺陷；滑轮边缘应有防脱挡绳杆，离钢丝绳距离不大于绳径的 20%。

7）吊具索具

① 钢丝绳的固定

采用绳卡固定时，最后一个绳卡距绳头的长度不得小于 140mm。绳卡夹板应在钢丝绳承载时受力一侧，"U"螺栓在钢丝绳的尾端，不得正反交错。绳卡初次固定后，应待钢丝绳受力后再度紧固，并宜拧紧到使两绳直径高度压扁 1/3，作业中应经常检查紧固情况。绳卡数量满足表 1.4-3 要求：

绳卡数量及间距要求   表 1.4-3

钢丝绳直径（mm）	10 以下	10～20	21～26	28～36	36～40
最少绳卡数	3	4	5	6	7
绳卡间距（mm）	80	140	160	220	240

采用编插固结时，编插部分的长度不得小于钢丝绳直径的 20 倍，且最短长度不小于 300mm，其编插部分应捆扎细钢丝。

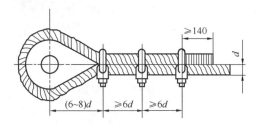

图 1.4-16　钢丝绳绳卡固定

图 1.4-17　钢丝绳编插

采用楔形套固定时，楔形套型号与钢丝绳直径相匹配，楔形套不得有裂纹。尾绳用单个绳卡卡紧或用细钢丝绑扎，细钢丝绑扎长度不小于绳径的 2.1 倍，防止尾绳松散。

② 钢丝绳应有制造厂签发的产品技术性能和质量证明文件。使用的钢丝绳规格、型号应符合该机说明书要

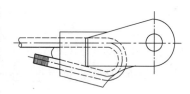

图 1.4-18　楔形套固定

求并与滑轮和卷筒相匹配，穿绕正确，不得有扭结、压扁、弯折、断股、断丝、断芯、笼状畸变等变形。钢丝绳有下列情形之一应报废：

    a. 表层钢丝绳直径磨损超过原直径 40%；

    b. 钢丝绳直径减少量达到 7%；

    c. 钢丝绳有明显的内部腐蚀；

    d. 局部外层钢丝绳伸长显"笼"状畸变；

    e. 钢丝绳出现整股断裂；

    f. 钢丝绳的纤维芯直径增大较严重；

    g. 钢丝绳发生扭结、变折塑性变形、麻芯脱出、受电弧高温灼伤影响钢丝绳性能指标。

图 1.4-19　钢丝绳整股断裂（报废）　　　　图 1.4-20　钢丝绳松散（报废）

图 1.4-21　断丝严重（报废）　　　　图 1.4-22　纤维芯外露（报废）

 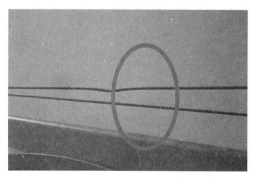

图 1.4-23　局部变粗严重（报废）　　　　图 1.4-24　塑性弯曲（报废）

③ 吊钩上必须具有防绳松脱的保护装置。吊钩和吊环严禁补焊，当出现下列情况之一时必须更换：

    a. 表面有裂纹、破口；

    b. 危险断面及钩颈有永久变形；

    c. 挂绳处断面磨损超过原厚度的10％；

    d. 吊钩衬套磨损超过原厚度的50％；

    e. 心轴（销子）磨损超过其直径的3％～5％。

④ 吊具严禁使用螺纹钢制作。

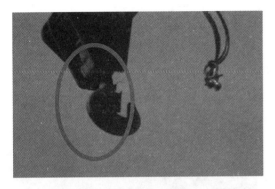

图1.4-25　吊钩保险装置失灵（错误）

图1.4-26　吊钩销轴保险用铁丝代替（错误）

图1.4-27　吊具用螺纹钢制作（错误）

图1.4-28　吊耳用螺纹钢制作（错误）

8）安全距离

① 起重机任何部位或被吊物边缘在最大倾斜时与架空线路最小安全距离符合表要求：

最小安全距离要求

表1.4-4

电压（kV） 安全距离(m)	<1	10	35	110	220	330	500
沿垂直方向	2.1	3.0	4.0	5.0	6.0	7.0	8.5
沿水平方向	2.1	2.0	3.5	4.0	6.0	7.0	8.5

② 起重设备停放位置与基坑水平方向应保持 2m 安全距离。

9）其他

履带吊起重臂超过 55m 的应装设风速仪和报警装置，额定起重量大于 50t 的，应装设水平仪。

（2）大型设备

1）各总成件、零部件及附属装置应齐全、完整；钢结构不应有变形，主要受力构件的焊缝不应有开焊、裂纹，螺栓连接及销连接应牢靠。

2）机身张贴或悬挂操作规程牌。

3）大型设备操作人员必须持有效证件上岗作业。

3. 现场作业管理

（1）起重设备

1）吊装作业必须编制专项吊装方案，经施工单位技术负责人审核签字后，不需要专家论证的，由项目总监理工程师审核签字；需要专家论证的，必须组织专家论证根据论证报告修改完善方案，并经单位技术负责人、总监理工程师、建设单位项目负责人签字后，方可组织实施。

图 1.4-29　起重吊装方案审批

图 1.4-30　起重吊装令

2）作业前，起重作业人员应进行班前会，会上应告知吊装注意事项及周边作业环境，包括地基基础、地下管线、架空线路、周围构建筑物等，要与其他作业点和环境因素保持安全距离，设置吊装危险区域，悬挂安全警示牌，禁止无关人员进入。并严格执行"吊装令"手续。

3）起重吊装作业严格遵守吊装作业"十不吊"规定，并做好交接班记录，委派现场安全管理人员及技术管理人员现场监管。

4）停止作业后，应将所有操纵杆放在空挡位置，各制动器加保险固定。履带吊将起重臂转至顺风防线并降至 40°～60° 之间，吊钩提升至接近顶端位置；汽车吊将起重臂全部收缩在支架上，收回支腿，吊钩用专用钢丝绳挂牢。遇有雷雨、大雾和六级以上大风等恶劣天气时，应停止一切操作，履带式起重机应停放在地势较高处，并将起重臂放至最低位置。

（2）大型设备

1）作业前应对操作人员安全技术交底，并严格遵守《建筑机械使用安全技术规程》JGJ 33—2012 规范要求。

① 标识和吊索具参照本标准起重设备要求执行。

② 严禁设备超负荷或带病作业。

③ 作业时，应密切关注周边作业环境，有危险时应立即撤离。

④ 作业完成后，应切断设备电源或关闭发动机，锁好制动和门窗。

2）成槽机

① 成槽器的运作必须在视线范围之内。成槽器上严禁站人。

② 在进行回转前必须确认周围无人，在任何情况下都不允许在作业人员的头顶上或运送车辆驾驶室顶上回转。

③ 成槽器起升超高，操纵室内警报器发出警报后，应立即停止起升。

④ 禁止对成槽器和摇臂施加横向载荷。

⑤离开机械时，必须将成槽器降到地面放稳，并将所有操作杆都按停机要求放置。

3）土方机械（挖掘机、装载机、压路机等）

① 作业前，应查明施工场地明、暗设置物（架空电线、地下电缆、管线、坑道等）的地点和走向，并采用明显记号标明。

② 在行驶或作业中，除驾驶员外，任何人不得乘坐土方机械。

③ 挖掘机作业时，回转半径内严禁站人。

4）旋挖钻机

① 作业前，应查明施工场地明、暗障碍物（架空电线、地下电缆、管线、坑道等）的地点和走向，并采用明显记号标明。

② 在进行回转前必须确认周围无人，方可回转。

③ 旋挖机的钢丝绳发现有刺毛，应立即停止作业检查。

④ 作业场地应平整坚实，软土或回填土应在上面铺设钢板。

5）桩机设备

① 桩机作业区内应无高压线路。作业区有明显标志或围栏，非工作人员不得入内。

② 高度超过 20m 桩机必须安装防雷装置。

③ 卷扬机钢丝绳要经常润滑，不得干摩擦。

④ 遇有雷雨、大雾和六级以上大风等恶劣天气时，应停止一切操作。当风力超过七级时，应将桩机顺风向停置并增加缆风绳，或将桩架放倒在地面上。

4. 台账记录

（1）起重设备

起重设备的台账包含以下内容：

1）设备进场报验单；

2）购销（租赁）合同、租赁安全管理协议书、产品合格证、年度检验检测报告；

3）日常维修保养检查及交接班记录；

4）操作人员、指挥人员、司索工特种作业人员操作证、安装拆卸单位资质证书和安全生产许可证；

5）吊装作业、安装（拆卸）工程专项施工方案和生产安全事故应急救援预案；

6）日常维修保养检查及交接班记录；

7）退场报验单。

（2）大型设备

1）产品合格证、年度检验检测报告、人员资格证书、进场验收记录；

2）日常维修保养检查记录及交接班记录；

3）退场报验单。

第2章 安全管理

2.1 安全防护

2.1.1 劳动保护

1. 安全帽

（1）安全帽材质

安全帽选用符合《安全帽》GB 2811—2007 标准的产品，必须满足耐冲击、耐穿透、耐低温性能、侧向刚能等要求。

（2）安全帽使用

安全帽应正确使用，扣好帽带，不准使用缺衬、缺带及破损的安全帽。

图 2.1-1　安全帽佩戴

2. 安全带

（1）安全带材质

安全带应选用符合《安全带》GB 6095—2009 标准的产品，目前常用的有护胸及可卷式安全带。

（2）安全带使用及保管

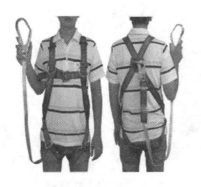

图 2.1-2　安全带正确穿戴

应根据工作和用途正确选用，如架子工可选用Ⅰ型悬挂单腰式（大挂钩）安全带；安全带应采用有合格证的产品，有磨损、断股、变质、受过冲击等情况的应停止使用；使用两年后，要进行抽检，合格的才能继续使用；安全带应高挂低用，注意避免摆动碰撞；不准将绳打结使用。不准将挂钩直接挂在安全绳上使用，应挂在连接环上使用；使用频繁的绳，要经常做外观检查，如有异常，应立即更换；安全带要防止日晒、雨淋，平时储藏在干燥、通风的仓库内。

3. 安全网

（1）安全网材质

密目式安全网应采用ML2.4×6m，2000目/10cm×10cm的合格产品，生产厂家应具有劳动用品生产许可证。并符合贯穿试验、冲击试验、阻燃性等要求。

（2）安全网使用和保管

密目式安全网张挂应绷紧、每个孔眼牢扎、拼装严密，不得使用破损的安全网。存放在干燥、通风的仓库中。

图 2.1-3 安全网

2.1.2 "四口"、"五临边"防护

1. "四口"防护

洞口安全防护设施考虑可拆卸、再利用，宜采用定型化、工具化制作。洞口包括：楼梯口、电梯口、预留洞口、通道口。

（1）楼梯口

楼梯口和梯段边必须设置防护栏杆，梯段旁边也应该设置两道栏杆，做好临时防护。

图 2.1-4 梯段防护栏杆示意图

（2）电梯口

电梯口的防护应设置固定门，门高度为 2.4m，安装时里楼层面不得大于 50mm，上下必须固定，门网格的间距不应大于 150mm。同时，电梯井内应每隔两层并每隔 10m 设一道网眼不大于 2.5mm 的安全网。

（3）预留洞口防护

1）边长在 25～200mm（含 200mm）的水平洞口防护

采用洞口楔紧木枋（立放），上盖 18mm 厚木胶合板用铁钉钉牢，面层刷红白相间的警示油漆间距 20cm 角度 45°。

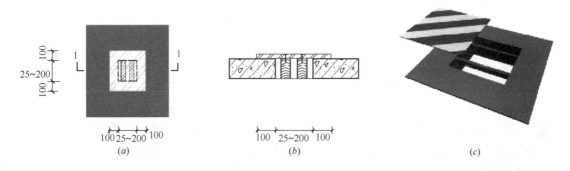

图 2.1-5　边长在 25～200mm（含 200mm）的水平洞口防护示意图
(a) 平面图；(b) 1-1 剖面图；(c) 三维效果图

2）边长在 200～500mm（含 500mm）的水平洞口防护

采用洞口上部盖 18mm 厚木胶合板用 Φ8 膨胀螺栓固定，面层刷红白相间的警示油漆间距 20cm 角度 45°。

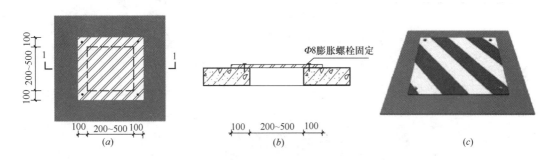

图 2.1-6　边长在 200～500mm（含 500mm）的水平洞口防护示意图
(a) 平面图；(b) 1-1 剖面图；(c) 三维效果图

3）边长在 500～1500mm（含 1500mm）的水平洞口防护

采用洞口上部铺设木枋（立放）@400mm，上盖 18mm 厚木胶合板用铁钉钉牢，木枋侧面与地面之间的缝隙也用 18mm 厚木胶合板封严，面层刷红白相间的警示油漆间距 20cm 角度 45°。洞口周边设置交圈的钢管防护栏杆，防护栏杆的水平杆、立杆刷间距为 400mm 红白相间油漆，并在最上一道水平杆处悬挂"当心坠落"的警示标志，所有水平杆控制伸出立杆外侧100mm。

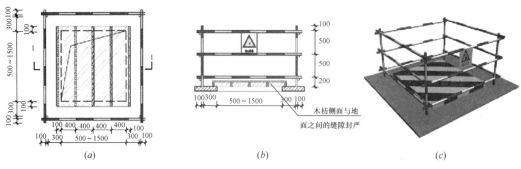

图2.1-7　边长在500～1500mm（含1500mm）的水平洞口防护示意图
(a) 平面图；(b) 1-1剖面图；(c) 三维效果图

4）边长在1500mm以上的水平洞口防护

洞口周边设置交圈的Φ48钢管防护栏杆，立杆间距不大于1800mm，防护栏杆下部设置200mm高18mm厚木胶合板挡脚板，防护栏杆的水平杆、立杆以及挡脚板，必须刷间距为400mm红白相间的警示油漆，防护栏杆外立面满挂密目安全网，并在最上一道水平杆处悬挂"当心坠落"警示标志。所有水平杆控制伸出立杆外侧100mm。

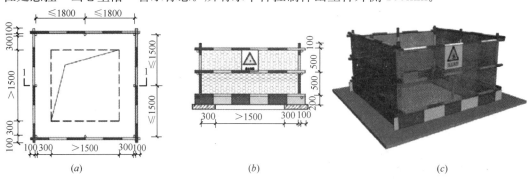

图2.1-8　边长在1500mm以上的水平洞口防护示意图
(a) 平面图；(b) 1-1剖面图；(c) 三维效果图

5）位于车辆行驶道路旁的洞口、深沟、坑槽，应用钢板或钢筋制成的盖板加以防护，并能承受额定卡车后轮有效承载力2倍的荷载。

图2.1-9　沟槽防护示意图

（4）通道口（逃生通道）

26

下井钢梯的宽度不小于 1.2m，踏板采用花纹钢板，宽度为 250～300mm，高度为 200mm。相邻的两块钢板交叉不大于 50mm，满足上下井人员通行安全方便。制作完成后，刷防腐油漆。

下井钢梯安全设施：

结构施工时，要提前预埋铁件，以提高钢梯的安全性。钢梯设置后必须制作上部栏杆，下部应全封闭，封闭材料可用钢丝网和密目网包扎。钢梯制作安装完毕后，应及时组织进行验收，合格后方可投入使用，并设置安全设施验收牌。

图 2.1-10　下井钢梯防护示意图

2. "临边"防护

(1) 基坑周边临边围护

临边安全防护栏杆统一按如下要求制作，现场一些安全警示牌可绑扎在栏杆的钢丝网上。临边防护栏杆制作完成后，必须组织进行验收并挂"安全设施验收牌"。

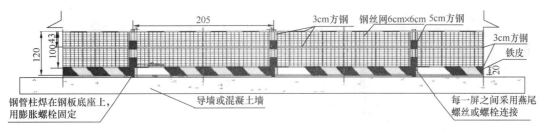

图 2.1-11　基坑临边防护制作示意图

图 2.1-12　基坑临边防护实物图

(2) 龙门吊作业区安全防护

1) 龙门吊安装验收后必须立即在轨道两侧制作隔离栏杆，隔离栏杆的制作要求和保养。隔离栏杆和龙门吊的距离为 0.5m 以上，轨道两侧的栏杆必须延伸到轨道的终端并作封闭。

图 2.1-13　龙门吊作业区安全防护图

2）龙门吊隔离如和人行道有交叉，必须设置活动入口，活动入口可采用活动链条封闭或活动伸缩杆封闭。

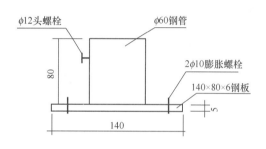

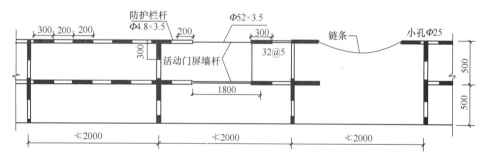

图 2.1-14　龙门吊作业区隔离示意图

（3）沉淀池周边安全防护

沉淀池四边设置栏杆或盖板。栏杆统一采用基坑临边防护栏杆样式。

图 2.1-15　沉淀池临边防护示意图

（4）隧道内安全通道、警示标志

1）隧道内安全通道由走道板与隔离栏杆组成，底板由结构铁支架和走道板组成，上部由钢管组成。走道板必须牢固绑扎在角钢结构中与下部支架构成整体，底部与管片手孔螺栓牢固连接。隔离栏杆采用钢管结构，立杆每隔 2400mm 固定在走道板钢结构支架上。

2）在隧道坡度较大的下坡段，应设置坡度标志牌及限速标志、警示灯、标志牌应涂有反光材料。

3）在联络通道施工的两边，应设置"前方施工，减速鸣笛"以及限速标志、警示灯。标识牌应涂有反光材料。

4）在车站与隧道的连接地带悬挂"当心滑跌"的安全警示标志牌。

图 2.1-16　隧道内安全通道示意图

图 2.1-17　隧道内安全标志示意图

（5）移动式脚手架防护

1）移动脚手架一般采用 $D48$、壁厚 3.5mm 的钢管扣件连接。

2）操作平台四周必须按临边作业设置防护栏杆，并应设置登高竹梯。平台钢管的间距不应大于 400mm，台面应满铺 30cm 厚的木板或竹笆。

3）移动脚手架装设轮子应连接牢固可靠。立杆低端离地面不得大于 80mm。

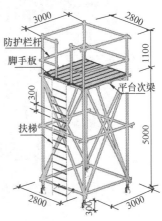

图 2.1-18　移动式脚手架防护示意图

2.2 施 工 用 电

2.2.1 电柜防护棚

　　配电箱、开关箱应装设端正、牢固。固定式配电箱、开关箱的中心点与地面的垂直距离应为1.4～2.2m。移动式配电箱、开关箱应装设在坚固、稳定的支架上，其中心点与地面的垂直距离宜为0.8～2.2m；并应在外张挂安全警示标示，如注意安全、当心触电、禁止烟火等。

图2.2-1 配电柜防护示意图

　　配电箱、开关箱外形结构应能防雨、防尘。配电箱、开关箱应配锁，并由专人负责。

图2.2-2 配电箱防护示意图

2.2.2 标准电箱

配电系统应设置配电柜或总配电箱、分配电箱、开关箱，实行三级配电三级保护原则。

（1）施工现场采用总配电箱、分配电箱、开关箱三级供电系统，应采用符合杭州市质安部门规定的电箱。分配箱、开关箱、用电设备的距离应符合下图的规定。

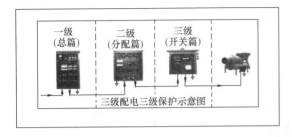
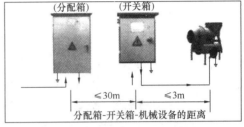

图 2.2-3　三级配电示意图

（2）配电箱、开关箱应有名称、用途、分路标记及系统接线图。配电箱、开关箱中导线的进出口和出线口应设在箱体的下底面（下进下出）。

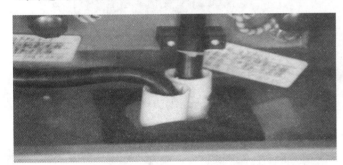

图 2.2-4　电缆进箱及开关箱实物图

图 2.2-5　配电箱标识牌示意图

（3）配电箱、开关箱的进、出线口应配置固定线卡，进出线应加绝缘保护套并成束卡固定在箱体上，不得与箱体直接接触。移动式配电箱、开关箱的进、出线应采用橡皮保护套绝缘电缆，不得有接头。

图 2.2-6　配电箱接电示意图

（4）配电箱、开关箱应装设端正、牢固。固定式配电箱、开关箱的中心点与地面的垂直距离应为 1.4～2.2m。移动式配电箱、开关箱应装设在坚固的支架上。其中心点与地面的垂直距离宜为 0.8～2.2m。

图 2.2-7　配电箱安装示意图

（5）元器件管理。对于配电箱内使用的元器件，均要求通过强制性"3C"认证，在购买过程中，项目物设部须明确此项规定，并在元器件到达项目部时组织安全质量环保部一并验收，保存相关证件。

2.2.3　架空电缆及埋地电缆

（1）地铁车站或端头井施工推荐采用线槽及电缆架敷设的方式架空主电缆。架空电缆应沿电杆、支架或墙壁敷设，严禁沿脚手架、树木或其他设施敷设，并采用绝缘固定，绑扎线必须采用绝缘线。

（2）电缆直接埋地敷设的深度不应小于 0.7m，并应在电缆紧邻上、下、左、右侧均匀设不小于 50mm 厚的细砂或混凝土板凳硬质保护层，穿过公路的穿钢管保护。

图 2.2-8　线槽电缆架空现场实况图

图 2.2-9　电缆进竖井、沿墙壁敷设示意图

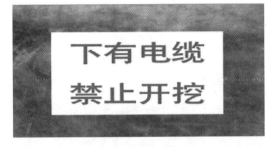

图 2.2-10　电缆埋地标志示意图

图 2.2-11　电缆埋地施工示意图

2.2.4　过路电缆保护

现场施工临时用电电缆的过路保护措施：

（1）做电缆保护前，检查电缆是否有破损，并且将断电操作。

（2）电缆埋设完成后，要在上方做出明确标示。

（3）在施工过程中，应安排专人对过路电缆的情况进行检查，防止出路保护不严的情况发生。

图 2.2-12　电缆过路保护示意图

2.2.5 宿舍用电

宿舍内临时用电线路按照项目部临时用电施工组织设计进行布设，宿舍内不能有电线裸露在外，必须全部放入线槽进行保护，卧室内设置照明灯 1 组，开关 1 组，插线孔 3 组（空调专用插线孔除外）。

2.2.6 灯塔

（1）一般规定

一般场所宜选用额定电压为 220V 的照明灯，人防工程、高温、有导电灰尘、比较潮湿或灯具离地面高度低于 2.5m 等场所的照明。电源电压不应大于 36V；潮湿和易触及带电体场所的照明，电源电压不得大于 24V；特别潮湿场所、导电良好的地面或金属容器内的照明，电源电压不得大于 12V。

（2）移动式灯架

施工现场照明采用的移动式灯架，采用角钢焊接而成，便于移动。

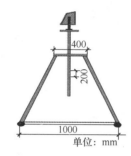

图 2.2-13　现场照明灯架（移动式）示意图

（3）固定式灯架

固定式灯架适合施工现场的集中广式照明，可采用钢管焊接而成，分层组装。

图 2.2-14　现场照明灯架（固定式）示意图

2.3　风险源管理

2.3.1　风险源辨识及评价

（1）项目部应根据工程特点对风险源进行辨识、风险评价，确定重大风险源和一般风险源，并建立台账。

危险源识别、风险评价一览表

编号：CX09-表2

使用号：2012-02

序号	作业活动	危险源	可能发生的危害事件	现有控制措施	风险评价 L	E	C	D	风险等级	备注
1	钻（冲）孔桩、地连墙施工	机体、底座、钢丝绳、传动部位	可能导致物体打击、机械伤亡事故	《建筑机械使用安全技术规程》JGJ33-2001《施工现场临时用电安全技术规范》JGJ46-2005	1	4	10	40	低	监督检查
2		机架	可能导致人员触电事故		1	4	40	160	中	监督检查
3		电线架设	可能导致人员触电事故		1	4	40	160	中	监督检查
4		安全帽、警示、泥浆池	可能导致高空坠落事故		3	4	10	120	低	监督检查
5	脚手架	立杆基础、排水	可能导致高空坠落、坍塌事故	《建设工程安全生产管理条例》，《建筑施工扣件式钢管脚手架安全施工规范》JGJ130-2011	1	4	100	400	高	制定专项方案
6		架体与建筑结构拉结	可能导致坍塌事故		1	4	100	400	高	制定专项方案
7		杆件间距与剪刀撑	可能导致坍塌事故		1	4	100	400	高	制定专项方案
8		脚手板与防护栏杆	可能导致物体打击、高处坠落事故		1	4	60	240	中	监督检查
9		小横杆设置	可能导致坍塌事故		1	4	100	400	高	制定专项方案
10	盾构施工	盾构掘进	机械伤害、爆炸、中毒、窒息、坍塌	《盾构法隧道施工与验收规范》GD50446-2008，《地铁隧道工程盾构施工技术规程》STB/DQ-010001-2001，《厂内铁路运输安全规程》GB1387-1994	1	5	40	300	中	监督检查
11		开仓与刀具更换	中毒、窒息		1	5	60	300	中	制定专项方案
12		管片堆放与拼装	物体打击、起重伤害、坍塌		1	5	40	200	中	监督检查
13		通风、照明、地表监测	车辆伤害、坍塌、中毒、窒息		1	5	40	200	中	监督检查
14		隧道有轨运输	车辆伤害		1	5	40	200	中	监督检查
15		盾构进、出洞	机械损坏、人员伤害、坍塌		3	5	60	900	高	制定专项方案

图 2.3-1　危险源辨识及风险评价

杭州市地铁1号线下沙延伸段2标重大危险源清单

编号：CX09-表3

使用号：2012-03

序号		危险源	可能导致的事件	施工阶段或部门	控制方式	备注
1	脚手架	立杆基础、排水	可能导致高空坠落、坍塌事故	工程部	《建设工程安全生产管理条例》、《建筑施工扣件式钢管脚手架安全施工规范》、JGJ130-2001、《杭州地铁工程安全生产检查制度（暂行）》 1.立杆基础平实、符合设计、方案要求；2.加设底座、垫木、扫地杆及排水措施；3.每10延长米立杆、大横杆、小横杆间距不得超过规定要求，按规定设置剪刀撑，剪刀撑沿脚手架高度连续设置且角度符合要求；4.脚手板满铺，脚手板材质符合要求，不得设置探头板；5.施工层设置1.2m高防护栏杆和挡脚板；6.钢管立杆不得采用搭接；7.不得使用弯曲、锈蚀严重的钢管；8.架体内上下通道，通道设置必须符合要求；9.卸料平台必须经设计计算，搭设符合设计要求	制定专项方案
2		架体与建筑结构拉结	可能导致坍塌事故	工程部		制定专项方案
3		杆件间距与剪刀撑	可能导致坍塌事故	工程部		制定专项方案
4		小横杆设置	可能导致坍塌事故	工程部		制定专项方案
5	盾构施工	开仓与刀具更换	中毒、窒息	工程部	《盾构法隧道施工与验收规范》GB50446-2008，《地铁隧道工程盾构施工技术规程》STB/DQ-010001-2007《厂内铁路运输安全规程》GB4387-1994 1.编制方案，并经审批确认。2.避免交叉作业，必须逐级进行安全技术教育与交底。规范人员操作意识。合理配备品运重物的钢丝绳索具。健全高处作业设施。3.加强施工过程中动态控制。4.行车须经相关部门验收、合格发证后，方可使用。5.健全各类通道，通道设置人行与行车安全通道。6.作业人员必须配备好安全防护用品。7.行车与指挥工要严格检查（严守不行），对大型物件运必采用两极指挥。8.进洞门土体暴露处，禁止人员滞留。	制定专项方案
6		盾构进、出洞	机械损坏、人员伤害、坍塌	工程部		制定专项方案
7	基坑作业	临边、其他防护	可能导致物体打击、高处坠落事故	工程部	《建设工程安全生产管理条例》、《建筑基坑工程技术规范》YB9258-1997、《建筑基坑工程监测技术规范》GB50497-2009、《杭州地铁工程安全生产检查制度（暂行）》 1.深度超过2m的基坑工程设置临边防护措施。临边和其它防护要符合要求。2.坑槽开挖设置安全边坡符合安全要求，特殊支护的做法必须符合设计要求。3.支护设施产生局部变形应及时采取措施调整。4.支撑上严禁堆放材料或重物。5.基坑施工设置有效排水措施，深基坑施工严禁采用坑外降水	制定专项方案
8		坑槽开挖、特殊支护、支撑	可能导致坍塌事故	工程部		制定专项方案
9		排水	可能导致坍塌事故	工程部		制定专项方案
10		积土、料具堆放、机械设备与槽边距离	可能导致坍塌事故	工程部物资部		制定专项方案
11		上下通道	可能导致物体打击、高处坠落事故	工程部		制定专项方案

图 2.3-2　重大危险源清单

（2）施工前应将本工程的重大风险源清单及防范措施报质量安全监督机构备案。

（3）针对重大风险源，应制定专项方案和措施，并严格执行。

（4）建立重大危险源实施过程监控预警机制。在重大风险源的施工过程中，应按照标准制定相应的预警值和警戒值，通过监控量测数据严格指导施工。达到警戒值时监控量测单位、施工单位必须按程序逐级上报，并立即准备应急预案的启动。

（5）重大危险源应进行动态管理，项目部在不同施工阶段、风险变更时对重大危险源及时进行检测、评估、监控。对重大风险源实施过程中的监控措施及时进行评价、完善。

（6）施工单位应根据重大危险源，制定施工现场生产安全事故应急救援预案，组织应急救援人员，配置相应的应急设备、物资。

图 2.3-3　应急物资储备

（7）根据《应急预案》对重大危险源紧急事故进行抢险救灾实施及日常演练。

（8）在施工现场应设置"施工现场重大危险源告知牌"，明示施工现场各部位危险的存在，提高施工人员的自我防护意识和安全生产管理水平。"施工现场重大危险源告知牌"必须及时更新。

图 2.3-4　重大危险源告知牌

（9）凡进入重大危险源区域作业人员，必须经过上岗培训并取得合格证才能进入工作岗位，区域内所有设施的更改需经项目安质部门按程序审核同意方可实施，外来人员要得到项目管理人员许可并有专人陪同方可入内。

（10）所有重大危险源规避结束后应进行经验总结，主要包括：重大危险源周围环境情况、主要施工方法（详细总结所采用的主要技术参数、主要材料）、规避所用的时间、监控量测数据及有关数据统计。

（11）项目部每周不得少于一次进行重大危险源专项安全综合检查。

（12）企业对项目部的重大危险源的管理负有检查、督查的职责。重大危险源实施过程中企业、项目部要严格落实带班制度，带班领导须亲自记录。

2.3.2 主要风险源控制

1. 深基坑围护结构施工

（1）基坑工程施工应编制支护、开挖、检测等专项施工方案。开挖深度超过 3m 或未超过 3m 但地质条件和周边环境复杂的基坑土方开挖、支护、降水工程，应单独编制专项施工方案。专项施工方案应按规定进行审核、审批。

（2）开挖深度超过 5m 或未超过 5m 但地质条件和周边环境复杂的基坑土方开挖、支护、降水工程，应单独编制专项施工方案，应组织专家进行论证。

（3）当基坑周边环境或施工条件发生变化时，专项施工方案应重新进行审核、审批，需要进行专家论证的，须重新组织专家进行论证。

（4）基坑工程专项方案实施前，项目技术负责人应当向项目管理人员和作业人员进行安全技术交底。

（5）施工单位应当指定专人对专项方案实施情况进行现场监督和按规定进行监测。发现不按照专项方案施工的，应当要求其立即整改；发现有危及人身安全紧急情况的，应当立即组织作业人员撤离危险区域。

（6）基坑工程应按规范要求结合工程施工过程中可能出现的支护变形、漏水等影响基坑工程安全的不利因素制定应急预案。

（7）在基坑工程施工过程中，应在施工现场配备有效的应急设备和应急材料。

（8）基坑支护结构的拆除方式、拆除顺序应符合专项施工方案要求。当机械拆除作业时，施工荷载不得超过支护结构承载能力；当人工拆除作业时，必须按规定做好物体打击、高空坠落等防护措施。

（9）基坑内土方机械、施工作业人员的安全距离必须符合安全要求，垂直交叉作业时必须有隔离防护措施，基坑内作业环境应具有足够的照明。

（10）当土方开挖范围内有各种管线时，在开挖作业的全过程应设专人监护，并设置安全警示标志。

图 2.3-5　管线保护标识牌　　　　　　　　图 2.3-6　施工区域管线保护

（11）在基坑工程专项施工方案中应包含基坑支护方案，基坑支护方案中应明确采用何种支护方式。轨道交通工程施工常用的基坑支护方式为排桩或地下连续墙加内支撑，而内支撑一般分为混凝土支撑和钢支撑。

（12）基坑支护结构的横支撑上不得堆放材料、机具或其他重物。

| 图 2.3-7　施工现场混凝土支撑 | 图 2.3-8　施工现场钢支撑 |

2．深基坑降水施工

（1）当基坑开挖深度范围内有地下水时，应采取有效的降排水措施，如设置降水井（降水井口必须设置防护盖板或围栏），待基坑内水平面降至设计要求时方能进行基坑土方开挖。

（2）基坑边界周围地面应设排水沟，且应避免漏水、渗水；放坡开挖时，应对坡顶、坡面、坡脚采取降水措施。

（3）基坑底四周应设排水沟和集水井，并及时排除积水。

（4）降水井施工完成后，应进行试运行，以检查抽水设备、抽水与排水系统能否满足降水要求。试运行期间，应记录好水位观测孔的出水量，水位下降值等数据，以验证抽水量与下降速度能否满足降水设计要求。根据降水试运行结果，对降水方案进行合理调整，并对有质量缺陷的降水井等进行重新布设。

（5）降水运行时，做好各井的水位观测工作，尤其要加强对观测孔的水位测定，及时掌握井内水位的变化情况。

（6）基坑降水井的保护

降水井保护措施主要有：

① 井管下放前，用铁丝绑扎牢固滤网。

② 孔口用铸铁井盖进行覆盖，防止出土过程中泥土掉进井内。

③ 在基坑开挖过程中，对项目管理人员和挖掘机司机等进行交底，强调井管的重要性；并在开挖后对井管进行切割，防止开挖时机械对井管进行碰撞破坏。

④ 对于降压井，在支撑处用钢丝对井管进行捆绑固定。

图 2.3-9　降水井保护

3. 深基坑开挖

（1）深基坑开挖要求

1）基坑开挖应根据支护结构设计、降排水要求，确定开挖方案。

2）基坑开挖需进行爆破施工的，必须编制爆破工程施工方案，经公安部门同意后方可实施。爆破工程应由具有相应资质的专业公司承担，爆破作业人员必须持相关专业资格证上岗作业。

3）基坑开挖应按设计、审批方案要求进行分层、分段开挖，软土基坑必须分层均衡开挖，层高不宜超过1m，并及时完成基坑支护结构施工。当支护结构未达到设计要求的强度时，禁止提前开挖下层土方。

4）基坑开挖过程中，应采取措施防止碰撞支护结构、工程桩或扰动基底原状土。

5）发生异常情况时，应立即停止开挖，并及时查清原因和采取措施，方能继续开挖。

6）开挖至坑底标高后，坑底应及时进行混凝土封闭。经基坑验收合格后方可进行基础或结构工程施工。

7）机械在软土场地作业时，应采取铺设渣土、砂石等硬化措施。

8）基坑周边荷载严禁超过设计荷载值。

图 2.3-10　深基坑土方开挖

（2）深基坑开挖监控

1）基坑开挖前应编制检测方案，并应明确监测项目、监测报警值、监测方法和监测点的布置、监测周期等内容。

2）基坑工程现场监测的对象应包括：①支护结构；②地下水状况；③基坑底部及周边土体；④周边建筑；⑤周边管线及设施；⑥周边重要的道路；⑦支撑轴力；⑧其他应监测的对象。

各监测对象的监测点布置应符合《建筑基坑工程监测技术规范》GB 50497—2009、《城市轨道交通工程监测技术规范》GB 50911—2013 的要求。

3）监测的时间间隔应根据施工进度确定。当监测结果变化速率较大时，应加密观测次数。

4）基坑开挖监测过程中，应根据设计要求提交阶段性监测结果报告。

5）当基坑出现下列情况之一时，应提高监测频率：

① 监测数据达到预警值（一般取 80％报警值）或变化速率加快。

② 基坑及周边大量积水、长时间连续降雨、市政管道出现泄漏。

③ 基坑附近地面荷载突然增大或超过设计限值。

④ 支护结构出现开裂。

⑤周边地面、邻近建筑突发较大沉降、不均匀沉降或出现严重开裂。

⑥ 基坑底部、侧壁出现管涌、渗漏或流沙等现象。

6）当基坑出现下列情况之一时，必须立即进行危险报警，并应对基坑支护结构和周边环境中的保护对象采取应急措施：

① 监测数据的累计值达到监测报警值。

② 基坑支护结构或周边土体的位移值突然明显增大或基坑出现流沙、管涌、隆起、陷落或较严重的渗漏时。

③ 基坑支护结构的支撑体系出现过大变形、压屈、断裂、松弛或拔出的迹象。

④ 周边建筑的结构部分、周边地面出现较严重的突发裂缝或危害结构的变形裂缝。

⑤周边管线变形突然明显增长或出现裂缝、泄漏等。

⑥ 根据当地工程经验判断，出现其他必须进行危险报警的情况。

4. 高大支模架工程

（1）总体要求

1）模板工程应编制专项施工方案，结构设计应进行计算，并应按规定进行审核、审批。

2）杭州地铁工程对模板工程搭设高度 8m 及以上；跨度 18m 以上，施工总荷载 10kN/m² 及以上；集中线荷载 15kN/m 及以上的专项施工方案，应按规定组织专家论证（浙江省规定）。

3）从事模板作业的人员，应经安全技术培训。从事高空作业人员，应定期体检，不符合要求的不得从事高空作业。

4）安装和拆除模板时，操作人员应佩戴安全帽、系安全带、穿防滑鞋。安全帽和安全带应定期检查，不合格的严禁使用。

5）进场的模板及配件应有出厂合格证和检验报告，安装前应对所有部件（立杆、楞梁吊环、扣件等）进行认真检查，不符合要求者不得使用。

6）在高处安全和拆除模板时，周围应设安全网或搭设脚手架，并应设防护栏杆。在临街面及交通要道地区，应设警示牌，派专人看管。

7）模板工程施工现场应搭设工作梯，作业人员不得爬支模上下。

8）模板施工中应设专人负责安全检查，发现问题应及时报告有关人员处理。当遇险情时，应立即停工并采取应急措施；待修复或排险情后，方可继续施工。

9）模板工程支架搭设完毕，应按规定组织验收，验收应有量化内容并经责任人员签字确认。

（2）扣件式钢管模板支撑系统（杭州市地方规定，可用一般模板系统，不可用于高大支模系统）

1）钢管扣件等构配件的管理

① 钢管扣件进入施工现场时，应进行抽样复试，抽检数量和技术性能应符合现行国

家标准的规定。扣件在每次使用前应逐个挑选，有裂缝、变形、螺杆出现滑丝的严禁使用。

② 施工现场应建立钢管、扣件及其他配件的使用台账，详细记录其来源、数量、使用次数、使用部位和质量检验等情况，防止未经检验或检验不合格的扣件在施工中使用。送检不合格的应有退场记录。

③ 施工现场进行各类钢管脚手架、支模提醒搭设过程中，对安装后的扣件螺栓拧紧扭力矩扳手抽查，保证扣件螺栓拧紧扭力矩不小于 40N·m，且不大于 65N·m，抽样检测数量和质量判定标准应符合《建筑施工扣件式钢管脚手架安全技术规范》JGJ 130—2011 中 8.2.5 的规定。

2）模板支撑系统宜采用直径 48.3×3.6mm 钢管搭设，钢管应符合现行国家标准《直缝电焊钢管》GB/T 13793 或《低压流体输送用焊接钢管》GB/T 3091 中规定 Q235 普通钢管的要求，并应符合现行国家标准《碳素结构钢》GB/T 700 中 Q235A 级钢的规定。不得有严重锈蚀、弯曲、压扁及裂纹的钢管。钢管扣件其质量和性能应符合现行国家标准《钢管脚手架扣件》GB 15831 的规定。

3）模板支撑系统的立杆数量和间距、梁的承重杆的数量、架体的布距、水平杆及木枋的间距等参数均应经专项施工方案计算确定。

4）立杆接长严禁搭接，必须采用对接扣件连接；严禁将上段钢管立杆下段钢管立柱错开固定在水平立杆上。钢管立柱顶部应设可调支托，U 形支托与楞梁之间如有间隙，必须楔紧，其可调托撑螺杆伸出长度不宜超过 300mm，插入立杆内的长度不得小于 150mm。

5）高支模要求

① 高度大于 8m、跨度大于 18m、施工总荷载大于 15kN/m² 或集中荷载大于 20kN/m 的支模板体系、专项施工方案必须经专家论证通过后方可实施。

② 体系必须有自身的稳固性或已有的结构性可靠连接。

6）满堂支模架剪刀撑构架要求

① 普通型

a. 在架体外侧周边及内部纵、横向每 5～8m，应由底至顶设置连续竖向剪刀撑，剪刀撑宽度应为 5～8m。

b. 在竖向剪刀撑顶部交点平面设置连续水平剪刀撑。当支模架支撑高度超过 8m，或施工总荷载大于 15kN/m²，或集中线荷载大于 20kN/m² 时，扫地杆的设置层应设置水平剪刀撑。水平剪刀撑至架体平面距离与水平剪刀撑间距不宜超过 8m。

② 加强型

a. 当立杆纵、横间距为 0.9m×0.9m～1.2m×1.2m 时，在架体外侧周边及内部纵、横向每 4 跨（宜小于 5m），应由底至顶设置连续竖向剪刀撑，剪刀撑宽度为 4 跨。

b. 当立杆纵、横间距为 0.6m×0.6m～0.9m×0.9m 含（0.6m×0.6m，0.9m×0.9m）时，在架体外侧周边及内部纵、横向每 5 跨（且小于 3m），应由底至顶设置连续竖向剪刀撑，剪刀撑宽度应为 5 跨。

c. 当立杆纵、横间距为 0.4m×0.4m～0.6m×0.6m（含 0.4×0.4，0.6×0.6）时，在架体外侧周边及内部纵、横向每 3～3.2m 应由底至顶设置连续竖向剪刀撑，剪刀撑宽度应为 3~3.2m。

d. 竖向剪刀撑斜杆与地面倾角应为 45°~60°，水平剪刀撑与支架（或横）向夹角应为 45°~60°。

（3）碗扣式模板支撑体系

1）模板支撑架应根据所承受的荷载选择立杆的间距和步距，底层纵、横向水平作为扫地杆，距地面高度应小于或等于 350mm，立杆底部应设置可调底座或固定底座；立杆上端包括可调螺杆，伸出顶层水平杆的长度不得大于 0.7m。

2）模板支撑架斜杆设置应符合以下要求：

① 当立杆间距大于 2.1m 时，应在拐角处设置通道高专用斜杆，中间每排应设置通高八字形斜杆或剪刀撑。

② 当立杆间距小于或等于 2.1m 时，模板支架四周从底到顶联续设置竖向剪刀撑；中间纵、横向由底至顶联续设置竖向剪刀撑，其间距应小于或等于 4.5m。

③ 剪刀撑的斜杆与地面夹角应在 45°~60°之间，斜杆应每步与立杆扣接。

3）当模板支撑架大于 4.8m 时，顶端和底部必须设置水平剪刀撑，中间水平剪刀撑设置间距应小于或等于 4.8m。

4）当模板支撑架周围有主体结构时，应设置连墙件。

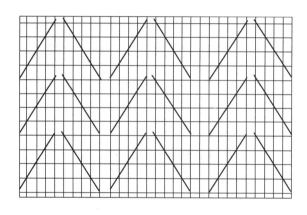

图 2.3-11　支架斜撑设置

（4）隧道模构造与安装

1）组装好的半隧道模板应按模板编号顺序吊装就位，并应将 2 个半隧道模顶板边缘的角钢连接板和螺栓进行连接。

2）合模后应采用千斤顶升降模板的底沿，按导墙上所确定的水准点调整到设计标高，并应采用斜支撑和垂直调整模板的水平度和垂直度，再将连接螺栓拧紧。

3）支卸平台构架的支设，必须符合下列规定：

① 支卸平台的设计应便于支卸平台吊装就位，平台的受力应合理。

② 平台桁架中立柱下面的垫板，必须落在楼板边缘以内 400mm 左右，并应在楼层下相应位置加设临时垂直支撑。

③ 支卸平台台面的顶面，必须和混凝土楼面齐平，并应紧贴楼面边缘。相邻支卸平台间的空隙不得过大。支卸平台外周应设安全护栏和安全网。

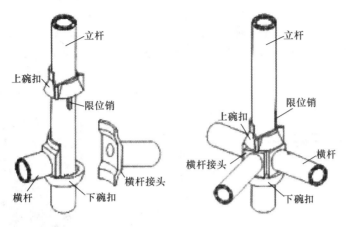

图 2.3-12　碗扣式节点构成

图 2.3-13　隧道模板台车拼装示意图

（5）高大支模验收

项目管理人员应加强高支模体系验收，强化高支模搭设交底、材料质量进场验收与复检、支模架基础验收、搭设过程验收、搭设完成验收等工作并留存检查验收记录。

1）高大模板支撑系统搭设前，应由项目技术负责人组织对需要处理或加固的地基、基础进行验收，并留存记录。

2）高大模板支撑系统的结构材料应按以下要求进行验收、抽检和检测，并留存记录、资料。

3）施工单位应对进场的承重杆件、连接件等材料的产品合格证、生产许可证、检测报告进行复核，并对其表面观感、重量等物理指标进行抽检。

4）对承重杆件的外观抽检数量不得低于搭设用量的 30%，发现质量不符合标准、情况严重的，要进行 100% 的检验，并随机抽取外观检验不合格的材料（由监理见证取样）送法定专业检测机构进行检测。

5）采用钢管扣件搭设高大模板支撑系统时，还应对扣件螺栓的紧固力矩进行抽查，抽查数量应符合《建筑施工扣件式钢管脚手架安全技术规范》JGJ 130—2011的规定，对梁底扣件应进行100％检查。

6）高大模板支撑系统应在搭设完成后，由项目负责人组织验收，验收人员应包括施工单位和项目两级技术人员、项目安全、质量、施工人员，监理单位的总监和专业监理工程师。验收合格，经施工单位项目技术负责人及项目总监理工程师签字后，方可进入后续工序的施工。

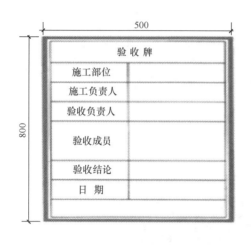

图 2.3-14　隧道模板台车拼装示意图

7）混凝土浇筑前，施工单位项目技术负责人、项目总监确认具备混凝土浇筑的安全生产条件后，签署混凝土浇筑令，方可浇筑混凝土。

8）浇筑过程应有专人对高大模板支撑系统进行观测，发现有松动、变形等情况，必须立即停止浇筑，撤离作业人员，并采取相应的加固措施。

（6）模板拆除要求

1）模板拆除前结构的混凝土强度符合《建筑施工模板安全技术规范》的要求。

2）模板的拆除措施应经技术主管部门或负责人批准，并报监理审批。

3）模板拆除应设置警戒区，作业区应设围挡，其内不得有其他工程作业，并设专人负责监护。拆下的模板、零配件严禁抛掷。

4）在提前拆除互相搭连并涉及其他后模板的支撑时，应补设临时支撑。拆模时，不得成片撬落或拉倒。

5）拆模如遇中途停歇，应将已拆松动、悬空、浮吊的模板或支架进行临时尺寸牢固或相互连接稳固。对活动部件必须一次拆除。

5. 盾构施工

（1）盾构吊装（拆除）过程控制

1）盾构机吊装方案实施前，编制人员或项目技术负责人应对吊装施工负责人、专职安全等现场管理人员以及焊工、起重工、司索工等作业人员进行安全技术交底。

2）盾构机吊装选用的钢丝绳、卸扣、卡环等应经验收合格才能使用。

3）盾构机上吊耳的焊接，应选择可靠的焊接工艺，并选择合格的焊条，由技能熟练的焊工施焊，其焊接质量应经有资质的专业机构进行探伤检测合格，并有检查合格报告才能被使用。

4）盾构机每次吊装前，应先试吊，试吊高度为200~300mm，确认无问题后，方可正式起吊。

5）盾构机吊装区域应设置安全警示标志、警戒区，并安排专人负责监护。

6）起重机与架空线路的安全距离应符合相关规范要求，不符合的要采取严格的安全保护措施。

图 2.3-15　盾构机现场吊装图

图 2.3-16　盾构反力架安装实物图

7）大雨天、大雾天、大雪天及六级以上大风天等恶劣天气应停止吊装作业。

（2）盾构始发

1）盾构机始发前，施工单位应对始发端头地层的稳定性进行评价，必要时采取针对性的地层加固措施，选择合理的端头土体加固方法，确定合理的土体加固范围。

2）盾构始发掘进前，应对洞门经改良后的土体进行检查，符合设计要求后方可始发掘进；应制定洞门围护结构破除方案，应采用适当的密封措施，保证始发安全。

3）盾构机始发前必须验算盾构反力架及支撑的刚度和强度，反力架必须牢固地支撑在始发井结构上。盾构反力架的整体倾斜度应与盾构机基座的安装坡度一致。

4）盾构机始发准备工作完成后，应先由项目部有关部门检查确认，再由监理单位组织施工单位、建设单位等对盾构机各系统进行验收，签认验收合格文件后，方可开始掘进施工。

5）针对盾构机始发，须进行专项安全技术交底，现场作业人员须严格执行交底内容。执行过程中遇到问题，须及时与项目部及有关部门联系。

6）为了防止洞门密封失效，要注意以下几点：

① 洞门预埋件与车站结构钢筋连接要牢固。

② 压板的固定螺栓要拧紧。

③ 避免盾构机姿态太差导致环向间隙不均，使压板外翻。

7）盾构始发端封门破除施工应采用人工或机械，禁止爆破。

8）盾构始发掘进过程中应保护盾构的各种管线，及时跟进后配套台车，并对管片拼装、壁后注浆、出土及材料运输等作业工序进行妥善管理。

9）盾构始发掘进过程中应严格控制盾构的姿态和推力，并加强监测，根据监测结果调整掘进参数。

（3）盾构掘进

图 2.3-17 盾构机始发现场

1）应有盾构掘进施工方案，施工过程中应按施工方案进行，并应有完整的施工及验收记录。

2）盾构法隧道施工期间，应对邻近建（构）筑物、地下管网等进行监测；对重要或有特殊保护要求的建（构）筑物、地下管网应根据需要采取必要的技术措施，以保证邻建（构）筑物和地下管网的安全。

3）盾构掘进过程中应针对盾构姿态产生重大偏差、遇有障碍物、管片发生损坏与渗漏、变形过大等突发状况编制应急预案。

4）应对特殊地段和地层等制定专项施工安全及监测方案，并应有施工及监测记录。

5）盾构掘进中应实时监测掘进姿态，应及时预警和纠偏，并应相关记录。

6）掘进过程中掘进量应与出土量、注浆量相匹配，如有异常或喷漏等情况，应及时采取相应措施，必要时进行地面探孔检查。

7）盾构刀具更换应制定专项方案，应有专门的开仓作业流程，并应有实施记录。

8）同步注浆应严格控制注浆参数，并应有注浆记录。

9）应有盾构调头、过站和解体的专项方案，同时应有完整的施工及验收记录。

10）应有隧道内运输的专项方案，并应经审批。

11）盾构及配套设施应定期检修和保养，并应有记录。

12）盾构法隧道施工必须采取安全措施，确保施工人员和设备安全。

（4）盾构接收

图 2.3-18 盾构机接收现场

1）盾构接收前后应制定接收施工方案，主要内容应包括接收掘进、管片拼装、壁后注浆、洞门外土体加固、洞门围护破除、洞门钢圈密封等。

2）盾构到达接收工作井100m前，必须对盾构轴线进行测量并调整，保证盾构准确进入接收洞门。

3）盾构到达接收工作井10m内，应控制盾构掘进速度、开挖面压力等。

4）应按预定的破除方法破除洞门。

5）盾构主机进入接收工作井后，应及时密封管片与洞门间隙。

6）盾构到达接收工作井前，应采取适当措施，使拼装管片环缝压密实，确保密封防水效果。

7）在接收托架安装前，要复测车站底板及洞门环板中心标高，保证接收托架高程定位准确。

（5）隧道内施工运输

1）一般规定

① 盾构隧道施工运输应根据隧道直径、长度、纵坡、盾构的类型、掘进速度选择合理的运输方式、运输设备及其配套设施。运输能力应满足盾构掘进与管片拼装要求。

② 隧道内水平运输宜采用轨道运输方式，垂直提升采用门式起重机、汽车吊、履带吊等提升方式。

③ 应根据最大起重重量对提升机和索具、挂钩、杆件承载力等进行验算。

④ 水平运输和垂直提升应采取防溜和防范措施。

图 2.3-19 隧道内水平运输图

2）水平运输

① 水平运输的轨道应保持平稳、顺直、牢固，并应进行养护。

② 长距离掘进时，宜在适当位置设置会车道。

③ 牵引设备的牵引能力应满足隧道最大纵坡的运输重量的要求。

④ 车辆配置应满足出渣、进料及盾构掘进速度的要求。

⑤ 轨道末端设置临时侧挡。

3）电瓶车的使用

① 电瓶车应由电瓶车司机专人驾驶，且经过培训合格，取得操作证，并经过专项安全教育后方可上岗作业。

② 开车前，应做好班前安全检查，并填写好检查记录。主要检查启制动，电气制动、手制动是否正常。不正常不得开车。

③ 平板车前后连接应安全可靠，除有了正规连接外，应左右两侧安装副连接保险连接。

④ 严禁超重、超长、超宽。滚动物件或零星小件必须捆绑牢固或装入箱槽内。

⑤电瓶车严禁违章搭乘人员。

⑥ 电瓶车在井口行驶、盾构机台车内行驶应有专人指挥，指挥信号要统一、明确。视线或环境复杂的，应由人为司机引路。司机接收到的信号不明确，不得开车。在隧道内接收任何停车信号司机都必须立即停车。

⑦ 电瓶车动车前，必须鸣笛警示。

⑧ 车辆在行驶中严禁任何人爬上、跳落。

⑨ 电瓶车正常行驶限速为10km/h，岔道限速3km/h。转弯时必须放慢速度靠近台车100m距离时，限速5km/h，并鸣笛警示。

⑩司机不准擅自离开工作岗位，运行中严禁将头、手、脚伸出车外；司机离开电瓶车时，应使气刹处于完全制动状态，并刹紧手刹。如较长时间离开电瓶车，还应切断电源；电瓶车停车时需放置防溜铁鞋。

4）垂直提升

① 垂直提升方式应根据工作井深度、盾构施工速度等因素综合考虑。

② 提升设备的提升能力应满足出渣、进料要求。

③ 垂直提升时，应根据安全需要采取稳定措施。

图 2.3-20　垂直运输（龙门吊）

图 2.3-21　垂直运输（管片运输）

④ 垂直提升通道内不得有任何障碍物。

5）隧道内气体检测、通风

48

图 2.3-22　隧道内通风管　　　　　　图 2.3-23　气体检测仪

① 应根据盾构设备状况、地质条件、施工方法、进度和隧道掘进长度等条件，选用适用的通风方式、通风设备及隧道内温度控制措施，并应符合国家现行相关标准的规定。

② 进入隧道作业，必须使用专用仪器检测隧道内可燃性或有害气体的浓度，需控制在安全允许范围内，方可进行作业。

③ 隧道内施工作业环境气体必须符合以下规定：

a. 空气中氧气含量不得小于 20%。

b. 瓦斯浓度应小于 0.75%。

c. 有害气体浓度：一氧化碳不得超过 $30mg/m^2$；二氧化碳不得超过 0.5%（按体积计）；氮氧化物换算成二氧化氮不得超过 $5mg/m^2$。

④ 隧道内作业温度不得高于 32℃，噪声不应大于 90dB。

⑤ 隧道通风的作业是将钻孔、爆破产生的有毒有害气体及灰尘、机械设备排出的尾气等短时间内排出洞内，并将新鲜空气输送到施工作业面。隧道通风必须符合下列规定：

a. 应采取机械通风（通常选用压入式通风）。

b. 按隧道内施工高峰期人数，每人需提供新鲜空气不得小于 $3m^2/min$，隧道内最低风速不得小于 0.25m/s。

（6）联络通道施工

1）施工方案

编制联络通道施工专项方案，按照程序审批并通过专家评审，完成交底。

图 2.3-24　联络通道专项施工方案评审会

2）冷冻施工

① 冷冻法施工前应对周围建（构）筑物、水文、地质进行了调查并形成调查报告。

② 在冻结孔开孔前，为提高孔口附近地层稳定性，应预先进行双液壁后注。

③ 冻结孔、测温孔、卸压孔应按照设计要求布置；并有保证其钻孔精度的措施。

④ 通过放在冻结帷幕内的测温孔实测温度，进行判断分析冻结帷幕的发展速度；综合分析冻结盐水温度及去、回路温度差值；卸压孔上测量的冻胀压力情况和在冻结帷幕上打试探孔进行实地测试。

⑤ 在联络通道开挖时须在隧道内设置预应力支架，以防止打开预留钢管片时隧道变形和破坏。

⑥ 在联络通道衬砌中预埋压浆管，以便采用注浆方式以补偿土层融沉。注浆应配合冻结帷幕融化过程进行，注浆材料以双液浆为主、单液浆为辅。

图 2.3-25　冷冻站

图 2.3-26　冷冻管及集配液圈

图 2.3-27　冻结情况检查

图 2.3-28　防护门验收

图 2.3-29　拉洞门

图 2.3-30　土方开挖

图 2.3-31　衬砌钢筋绑扎　　　　　　图 2.3-32　井帮温度检测

3）矿山法施工

① 开挖前应进行降水井施工，临时加强支撑安装。

② 为了保证联络通道洞门钢环拆除时不发生土方坍塌及涌水，在拆除管片前，应对以联络通道所在管片为中心前后各 5 环管片（即共 10 环管片）背后采用双液浆进行二次注浆，充分填充壁后空隙及止水，使这片区域的土体形成整体。

2.3.3　安全监测

1. 测点埋设

（1）管理标准：《建筑基坑工程监测技术规范》GB 50497—2009，《城市轨道交通工程监测技术规范》GB 50911—2013。

（2）管理要求

现场测点应按相关规范要求及指挥部相关文件要求埋设，并做好测点埋设记录表。

表一：沉降（位移）监测点埋设记录表；

表二：测斜（水位）管理设记录表；

表三：应力计埋设记录表；

表四：反力计埋设记录表。

（3）控制网基准点

开挖一个坑底长与宽不小于 500mm、深度大于 800mm 梯形的孔洞，然后利用混凝土将测量标志埋入，待混凝土强度达到要求后方可进行测试。

图 2.3-33　埋设于土体内的基准点　　　图 2.3-34　强制归心监测工作基点

注意事项：基准点的埋设位置选取时需要考虑土体的适合程度，基准点周边对测量精

图 2.3-35　埋设于建筑物上的水平位置基准点

度有影响的因素（如承包工地、马路等），以保证基准点在使用期间无明显变化。强制归心墩埋设需要在基坑影响范围以外的地方，如果强制归心墩在基坑开挖范围内，在监测时一定要与监测控制点进行联测。

2. 围护墙（桩）顶部水平位移、竖向位移

每 20～30m 或每个施工段两侧围护顶部设置测点，基坑周边中部、阳角处应布置监测点，局部重要部位可加密，且每侧边监测点不少于 3 个。水平和竖向位移监测点为共用点，布置在围护墙（桩）侧向变形（测斜）监测点处，且两根支撑中间部位，用油漆编上号码。

图 2.3-36　围护墙（桩）位移监测点

注意事项：墙（桩）顶部测点埋设时，注意监测点的正上方不能出现障碍物，防止出现监测时三角觇牌无法整平的情况。

3. 围护墙（桩）深层水平位移

图 2.3-37　钢筋笼埋设测斜管

每 20～30m 或每个施工段两侧的围护墙（桩）内各布设一个测斜孔，重点部位可适当加密，中间部位宜布置监测点，每侧边（或每一开挖段）监测点不少于 1 个。测斜管深度不宜小于围护墙（桩）深。当围护墙（桩）内测斜管失效时，应在对应位置的坑外土体中设置土体深层水位位移监测点，测斜管长度不宜小于基坑开挖深度的 2.1 倍，布置深度应大于围护墙（桩）以下 5～10m。

注意事项：施作过程中，做好管节的固定与孔底和孔口的密封，测斜管沟槽应与基坑所要监测的方向一致，测斜管埋设在迎土面一侧。测孔底部沉淀有泥沙时，必需使用高压水枪清洗。

4. 支撑内力

沿基坑纵向每开挖段应有一组支撑轴力监测点，环境要求较高时可适当加密，每层支撑的内力监测点不应少于三个，各层支撑的监测点位置在竖向宜保持一致。监测点应布设在支撑内力较大、受力较复杂或在整个支撑系统中起控制作用的杆件上，每个车站端头井斜撑上应至少设置一组轴力监测点。

（1）钢筋混凝土支撑和 H 形钢支撑的监测截面宜布置在支撑长度的 1/3 部位，并避开节点位置。

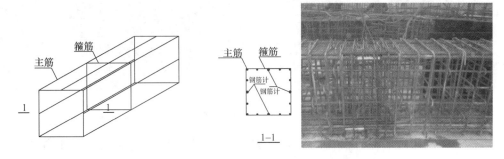

图 2.3-38　混凝土支撑轴力计埋设

注意事项：钢筋测力计在焊接好后要及时测量原始频率，混凝土浇好 15d 后连续测量各钢筋计的频率不少于 3 次，确定频率稳定后记为各测点的频率初始值。

（2）钢管支撑宜采用反力计测试，监测点应布置在支撑的固定端。在安装钢支撑轴力监测点的位置用不小于 400×400×20 的钢板预先与地连墙焊接（钢围檩除外）。

注意事项：施加预应力前分别测量各测力计的初始频率，施加预应力时同步采集频率，计算比较反力计测量得到的钢支撑轴力是否与施加的预应力相符。

图 2.3-39　钢支撑轴力计

图 2.3-40　埋设好的钢支撑轴力计

5. 地下水位监测

坑内地下水位监测点宜布设在基坑中央和两相邻降水井的中间。基坑外地下水位监测点应沿基坑、被保护对象的周边或两者之间布置，监测点间距宜为 20～50m。相邻建筑、重要管线或管线密集处应布置水位监测点，如有止水帷幕，宜布置在止水帷幕外侧约 2m 处。水位监测管的管底埋置深度应在最低设计水位或最低允许地下水位之下 3～5m，承压水水位监测管的滤管应埋置在所测的承压水中。

图 2.3-41　埋设好的水位监测点

水位孔一般用地质钻机钻直径不小于 Φ89mm 的孔，成孔后清洗干净孔内泥浆后，放入裹有土工布滤网的水位管，管壁与孔壁之间用净砂或碎石回填至离地表 0.5m 处，再用黏土进行封填，以防地表水流入。水位管用 Φ55mm 的 PVC 塑料管作滤管，管底加盖密封，防止泥沙进入管内，下部留出 1.0～2.0m 深的沉淀管（管壁不打透水孔），用来沉积滤水段带入的少量泥沙，中部管壁周围钻 6～8 列 Φ6mm 左右的孔，纵向间距5～10cm，相邻两列的孔交错排列，呈梅花形布置。管壁外包扎上滤网或土工布作为过滤层，上部再留出2m作为管口段（管壁不打孔），以保证封口质量。水位管口顶部1m外套带螺纹盖的钢管，外部用混凝土浇好防止地表水进入水位管内，孔口尽可能不高出地表。

注意事项：地下水位监测点必须在承包单位降水施工前10d布设完成，在降水开始前采取初始数据。

6. 地表沉降

（1）基坑

每开挖一段宜设一测量断面，监测断面宜设在坑边中部或其他有代表性的部位，且每侧边至少设一组测量断面。每一测量断面在坑外监测距离宜大于3倍开挖深度，每一测量断面上的监测点宜由内向外先密后疏布置，且不宜少于5个监测点。

对于硬化地面的监测点，先用全站仪将需要布设测点的位置先确定，然后用钻孔机打穿地表的硬化层后（孔径不小于150mm），把长30cm、直径10cm的监测点埋入孔内，再在监测点周边填满细沙防止监测点左右摆动。孔口用带有"测量标志严禁破坏"字样的铸铁孔盖盖住。

图 2.3-42　土体沉降监测点埋设

图 2.3-43　硬化层沉降监测点埋设

注意事项：基坑边地面沉降点必须在地下连续墙承包前完成点位布设及初始数据的采集，测点破坏后应及时补埋，同时做好地表沉降数据的接续工作。

（2）盾构

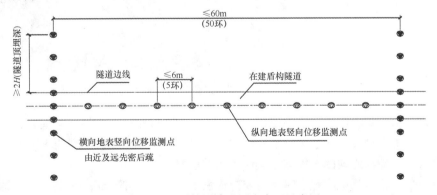

图 2.3-44　盾构沉降监测点布置示意图

对于二、三级监测，地表竖向位移监测点的平面布置示意图如图 2.3-45 所示，布置平面范围不小于隧道边线以外 $2H$，且不宜小于 20m；在深厚淤泥质土层下，布置平面范围不宜小于 $3H$。垂直于隧道方向的间距宜按照"3m、5m、5m、10m……"先密后疏布置，数量应根据现场环境确定，且单侧不少于 4 个点。

7. 周边管线变形监测

根据管线修建年份、类型、材料、尺寸及现状等情况，确定监测点位置。监测点宜布设在管线的节点、转角点和变形曲率较大的部位，监测点的平面间距宜为 15～25m。给水、煤气、热力等压力管线宜布设直接监测点。

直接点法：在地下管线改排过程中，直接将钢筋埋置在管线上面，钢筋底部焊接分叉，安放在管线上。

间接点法：在地下管线侧面打入一根同管线埋深长度的钢筋，测试管线周边土体的沉降量。

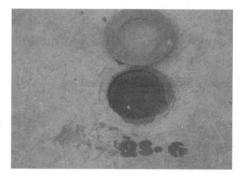

图 2.3-45　管线沉降监测点埋设

注意事项：直接点埋设时，测点周边一定要填充细砂，保证测点能真实地反应土体下方管线地沉降情况。

8. 建筑物沉降点

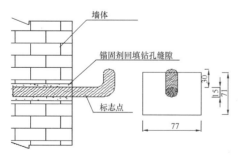

图 2.3-46　建筑物城建监测点埋设

设于建（构）筑物四角、沿外墙每 10～15m 一处或每隔 2～3 根柱基上，且每侧不少于 3 个测点。用电动钻具在选定建筑物部位钻直径不小于 16mm、深度约 122mm 的孔洞，孔洞内注入适量搅拌均匀的锚固剂（建议用植筋胶）。

注意事项：建筑物沉降埋设时，需要考虑测点与测点上部 2m 内无阻挡，保证沉降监测时标尺能竖立垂直，保证数据采集准确。

9. 隧道衬砌环收敛、沉降

（1）隧道收敛

每 25 环设一测量断面，必要时加密。采用钻孔工具垂直管片打孔，孔深 10～20cm，孔径比加工的挂钩连接钢筋直径大 2～3mm。将挂钩连接的螺纹钢筋安装在钻孔中，采用灌水泥砂浆固定在管片上。

（2）隧道沉降

每 5 环设一测量断面，异常情况应加密布设。埋设位置应距管片底部（或车站底板）640～840mm，埋设于车站或隧道的外侧内壁上（联络通道中线上需埋设沉降监测点），埋设时点位应稳固，可在侧墙或管片上钻孔，深度应不大于 50mm 且不小于 30mm，外露不大于 20mm。

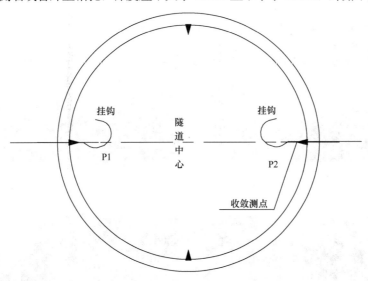

图 2.3-47　隧道收敛监测点布置示意图

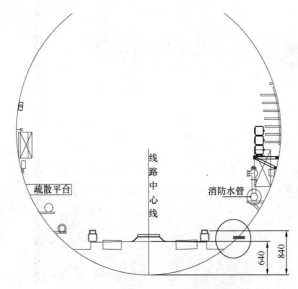

图 2.3-48　隧道沉降监测点布置示意图

注意事项：在管片或墙上作明显标识示意保护，并在测点旁标明点号。当遭到破坏后在原位置处重新布设。

备注：其他如立柱竖向位移、土体分层竖向位移、建（构）筑物水平位移、建（构）筑物倾斜监测点、建（构）筑物和地表裂缝等监测项目测点埋设方法与原则。

2.3.4 人员管理

对于接触重大危险源的施工作业人员，比如：盾构开仓换刀、接触粉尘较多的工序、高空作业等，需在事前进行身体检查，并单独造册登记，在施工过程中，安排专人对其监控。

2.3.5 相关案例

（1）基坑坍塌事故

图 2.3-49　基坑坍塌事故现场

（2）起重吊装事故

图 2.3-50　起重吊装事故现场

（3）盾构接收透水事故

图 2.3-51　盾构接收透水事故现场

2.4 轨行区安全管理

2.4.1 轨行区的定义

轨行区是指地铁区间、车站轨行区、出入段线、正线辅助配线。其中车站轨行区是指车站头尾端墙之间的列车行车区域，包括距车站站台边缘距离轨道侧 1.0m 区域范围。车站轨行区界定如图 2.4-1 所示：

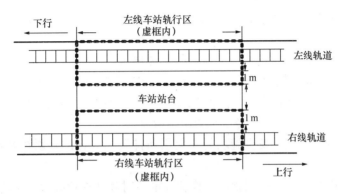

图 2.4-1　车站轨行区界定

2.4.2 轨行区管理组织机构

轨行区作业管理实行轨行区作业管理领导小组、轨行区作业管理办公室、施工单位调度室、车站值班员等层级管理。

（1）轨行区作业管理领导小组：建设单位应派员组成轨行区管理领导小组，负责轨行区安全管理的领导工作。

（2）轨行区作业管理办公室：由建设单位相关部门、轨道及接触网施工单位派员组成。对轨行区作业实施统一的调度指挥与管理，全面负责轨行区作业的管理工作，负责定期组织召开计划协调会，收集、汇总、审核、编制轨行区各类施工计划，并对轨行区作业及人员安全进行检查与督促，分析、处理、上报与轨行区作业相关的事故及违反施工计划的行为。

（3）施工单位调度室：所有进入轨行区作业的施工单位应设置调度室。负责制定本单位轨行区的各类作业计划及各项安全措施，监督管理本单位作业人员执行轨行区作业计划及各项安全措施。

（4）车站值班员：车站属地管理单位在站台层应设置车站轨行区值班员，负责本站轨行区人员进出管理，对进、出轨行区的施工单位进行请、销点登记。

同时各项目总监理工程师及驻地监理应对所管辖施工单位的轨行区作业进行监督管理，督促施工单位落实各项安全防护措施。

2.4.3 计划管理

（1）月计划

根据工程筹划，各施工单位应每月向轨行区作业管理办公室上报月度轨行区作业计划，内容包括：计划量和运输量；计划施工区段；工程车、轨道车、轻型车的使用和租用计划；运输组织方案和设备材料到货计划等。

（2）周计划

各施工单位应根据项目计划和实际进度，定期以书面形式向轨行区作业管理办公室申报周作业计划，内容包括：工程车、轨道车、轻型车的使用和租用情况；作业时间、作业区域及作业人数；施工负责人及施工安全保护措施等。

（3）临时作业计划

遇特殊或紧急情况下，施工单位调度室可向轨行区作业管理办公室申请轨行区临时作业计划。轨行区作业管理办公室视当日实际作业情况予以安排。

2.4.4 计划的申请、编制、审批及调整

（1）计划的申请

① 施工单位各调度室应按照施工作业的具体要求，每周向轨行区作业管理办公室提交下周的《轨行区作业计划申请单》，同时提交上周完成工作量和下周计划完成工作量。

② 接触网送电后，《轨行区作业计划申请单》还应注明是否需接触网停电、接地以及停电的区域和范围以及工程车、轻型车的使用情况。

③ 作业内容可能造成设备设施功能及使用条件发生变化的，须在办理施工作业申请时特别注明。

④ 作业计划申报的作业时间含施工作业前准备时间和作业结束后出清轨行区时间。

（2）计划的编制、审批、发放

① 轨行区作业计划由轨行区作业管理办公室负责审批确定下期周计划，并编制《施工行车通告》，下发到各施工单位。

② 根据《施工行车通告》及各施工单位调度室提前提交的变更计划，轨行区作业管理办公室编制签发《轨行区进场作业令》，并于每日下达各施工单位调度室。

（3）计划的调整

① 周计划一经批复，将不再进行计划变更。

② 特殊情况下，若施工单位因故需取消作业计划或缩短作业时间，应提前24h向轨行区作业管理办公室提出，并说明原因，已取消的作业计划需重新申请。

③ 特殊情况下，若施工单位因故需增加作业或需延长作业时间，应提前48h向轨行区作业管理办公室申报，并说明原因。轨行区作业管理办公室视实际情况予以批复。

④ 作业计划调整后，轨行区作业管理办公室应及时通知相关单位调度室。

⑤ 因救援、抢险等紧急情况，轨行区作业联合办公室有权随时取消、变更、终止已排定的作业计划。

2.4.5 计划的实施

（1）各单位施工负责人向车站轨行区值班员提交《轨行区进场作业令》进行清点，车站轨行区值班员根据《轨行区进场作业令》向轨行区管理作业办公室请点，经轨行区作业管理办公室核对后，给出"轨行区作业许可号"，给予准点，同时做好相应记录。

（2）接触网受电后，如需进行接触网停电的施工作业，轨行区作业管理办公室与电力调度确认相应区域接触网停电、接地工作完成且收到相应通知单后，方可给出轨行区作业许可号，给予准点。

（3）请点后，施工负责人在确认防护人员和防护标志到位后，方可进行作业。

（4）需开行工程车的作业，须凭轨行区作业管理办公室下发的区域封锁命令，在请点并确认进路正确后，方可进行作业和组织车辆运行。

（5）轨行区作业必须在规定作业时间内完成，经全面检查并确认施工人员、机具、工具及物料已撤离轨行区，达到车辆运行条件，并撤除防护信号后，由施工负责人向车站轨行区值班员办理销点手续，车站轨行区值班员向轨行区作业管理办公室办理销点手续。如已办理停电接地手续的施工，轨行区作业管理办公室还应通知接触网单位拆除地线。

（6）施工作业请、销点，由施工负责人在同一车站轨行区值班员处办理，如需进行异地请、销点，需得到异地请、销点车站轨行区值班员及轨行区作业管理办公室的共同确认。

（7）因特殊原因需延时施工，施工负责人需在规定完成时间前30min通过车站轨行区值班员向轨行区作业管理办公室提出具体延时申请，经轨行区作业管理办公室同意后方可延时。

（8）在施工过程中，如需动用其他单位的相关设备，必须经设备所属单位同意方可进行，施工作业完毕后必须将设备恢复正常，并通过设备所属单位确认。

（9）多方配合作业的施工，由牵头单位负责统一办理施工请、销点手续。

（10）未取得《轨行区进场作业令》和轨行区作业许可号的施工，严禁进入轨行区作业。

2.4.6　轨行区作业管理

（1）轨行区作业安全要求

① 各施工单位在轨行区作业必须设置专职防护员，专职安全防护员必须经过专业培训且考试合格后方可上岗。

② 作业前，应在距离作业区段50m处应设置红、黄闪灯进行防护，遇曲线地段防护距离延长至100m。

③ 所有作业人员必须佩戴安全帽、穿荧光衣，必要时还应随身携带流动警示灯、照明设备等。安全防护员必须配备指定的防护工具并在指定位置做好防护。

④ 施工时应采取有效保护措施，防止对现场其他构件、设施、设备等造成损坏。

⑤ 电焊作业严禁使用钢轨作为导线，严禁在钢轨上进行起弧和焊接。

⑥ 未经允许不得登乘工程车、轨道车，不得攀爬运行中的车辆。平板车不得载人通行，不得在车辆间、车辆与车挡间工作和穿行。

⑦ 在使用拖车、梯子和其他大型设备之前，或在已带电的设备附近工作时，施工单位必须获得轨行区作业管理办公室同意。严禁使用金属梯子。

⑧ 未经轨行区作业管理办公室允许，不得在工程区域安装脚手架。如施工需要，且经轨行区作业管理办公室批准后，确认接触网已断电，且接触网已挂接地线，方可在正线轨道上使用脚手架，且脚手架必须在接触网送电前拆除。

⑨ 施工负责人如发现作业地点有妨碍行车安全的异常情况时，除采取紧急措施消除安全隐患外，应立即显示停车信号和告知轨行区作业管理办公室不得放行工程车。

⑩ 在轨行区作业要做到工完料净。施工产生的垃圾应及时清理并带出轨行区。撤出轨行区的人数和施工机具，必须与进入区间的人数和施工机具相同。如有变化，必须向轨行区作业管理办公室注明遗留人员和存留物品的原因及数量。

（2）设备材料的管理

① 装卸的设备、材料和工具应稳固，不得偏载、超载和超过机车车辆限界。装载危险物品时，应有可靠的安全措施。

② 装卸设备和材料，必须按照批准的时间作业，保证充足的照明，每次卸车后，施工负责人应认真检查，确认符合要求后，方可通知车长动车。

③ 靠近线路堆放设备、材料和机具，应堆放稳固，不得侵入建筑限界。在站台堆放的设备和材料，无人看守时应稳固堆放于距离站台边缘远离轨道侧 2.0m 以外的地方。其他情况，施工用的设备和材料不得放置在距离站台边缘远离轨道侧 2.1m 的范围内，且应获得轨行区作业管理办公室批准。

④ 轨行区上方预留孔洞（车站和区间竖井）应设安全防护，不得有物品（件）掉入轨行区危及行车安全。

（3）施工人员从工程区域撤离

① 施工负责人确认安全并已达到放行工程车的条件后，方可通知防护员撤除停车防护。

② 完工后，施工负责人必须到车站轨行区值班员处办理销点手续，并通知本单位调度室。

2.4.7 轨行区行车安全

轨行区行车执行"高度集中、统一指挥"的原则，在轨行区作业管理办公室统一指挥下组织行车。

（1）工程车由车长指挥，司机必须服从车长的命令。任何人员无权要求车长/司机在没有调度命令的情况下出车。

（2）工程车驾驶人员必须持证上岗，工程车进场前应按规程保养检修。

（3）工程列车停车时必须进行制动、加设铁鞋防溜。车辆制动、连接、警示等装置必须齐全有效，不得使用无制动装置的非机动车推行。

（4）工程车通过地铁车站、曲线以及瞭望不良地段时，应鸣笛警示，减速通过。

（5）施工单位不得以各种理由安装设备阻碍工程车的运行，不得擅自扳动道岔或拆除道岔设备。正常情况下道岔应置于正线开通位置并加锁。

（6）手推平车在使用过程中必须配备足够的随车人员以保证小平车能随时撤出线路。手推平车使用完毕后不得停留在线路上；手推平车停留时，必须采取防溜措施。手推平车不得载人行走，不得拖拉行走。

（7）轨道端头应设置停车警示和缓冲装置。

（8）在区间作业的工程车必须严格控制车速，正常情况下：

① 工程车在正线推进运行的最高速度限制为 20km/h；

② 单机挂车推送最高速度限制为 25km/h；

③ 工程车在正线上牵引运行的最高速度限制为 25km/h；

④ 工程车侧向通过道岔最高速度限制为 20km/h；

⑤ 大件货物运输工程车的最高速度限制为 25km/h；

⑥ 向存车线调车的速度限制为 15km/h；

⑦ 进入尽头线的速度限制为 15km/h；

⑧ 车辆对货位的速度限制为5km/h；

⑨ 车辆连挂的速度限制为3km/h。

（9）所有车辆在道岔前应一律停车，确认进路正确、道岔密贴后方准驶过道岔。

（10）工程车辆严禁溜放作业。

2.5 应 急 管 理

2.5.1 应急组织机构的设置及职责

施工项目部应建立由项目经理为组长的应急救援领导小组，组员应包括项目部班子副职、各职能部室负责人以及各施工班组长。

应急救援领导小组的职责如下：

（1）贯彻落实国家、行业相关方针政策、法律法规，研究、部署相关重点工作，负责编制项目部抢险应急预案；

（2）确定项目部应急救援组织体系，明确应急机构、专业队伍、抢险物资、专用装备的设置配备标准以及相关要求；

（3）协调各专业小组的应急抢救、抢险和调查处置和舆情应对工作；

（4）负责为事故调查提供专家服务和技术支持；

（5）负责及时、如实向上级主管机构或部门报告事故信息。

2.5.2 应急预案的管理

1. 编制与审批

应急预案体系包括综合应急预案、工程项目应急预案和现场处置方案。

建设单位应当编制本单位综合应急预案，并按照影响工程周边环境事故类别编制工程项目应急预案。

施工单位应当编制所承担工程项目的综合应急预案，并按工程事故、影响周边环境事故类别编制工程项目应急预案，同时制定事故现场处置方案。

应急预案的编制程序包括成立应急预案编制工作组、资料收集、风险评估、应急能力评估、编制应急预案、应急预案评审和发布6个步骤。

应急预案的编制格式参见《生产经营单位生产安全事故应急预案编制导则》GB/T 29639—2013（2013.10.1）附录A。

2. 应急预案的演练与培训

应急预案编制单位应当建立应急演练制度，根据实际情况采取实战演练、桌面推演等方式，组织开展联动性强、形式多样、节约高效的应急演练。

建设单位、施工单位应当制定应急预案演练计划，结合实际情况定期组织预案演练。建设单位、施工单位应当有针对性地经常组织开展应急演练，每年至少组织一次，视情况可增加演练频次。

建设单位、施工单位应当对应急预案演练进行评估，并针对演练过程中发现的问题，对应急预案提出修订意见。评估和修订意见应当有书面记录，并及时存档。

建设单位、施工单位应当定期开展应急预案和相关知识的培训，至少每年组织一次，并留存培训记录。应急预案培训应覆盖预案所涉及的相关单位和人员。建设主管部门应当监督检查培训开展情况。

3. 应急预案的评估与修订

（1）应急预案编制单位应当建立定期评估制度，分析评价预案内容的针对性、实用性和可操作性，实现应急预案的动态优化和科学规范管理。

（2）有下列情况之一的，应急预案编制单位应当修订预案，修订情况应有记录并归档。

① 有关法律、法规、规章、标准、上位预案中的有关规定发生变化的；

② 应急指挥机构、主要负责人及其职责发生调整的；

③ 城市轨道交通工程建设规模发生较大变化的；

④ 城市轨道交通工程质量安全风险发生较大变化的；

⑤ 城市轨道交通工程设计方案、施工工法等发生较大变化的；

⑥ 在事故应对和应急演练中发现重大问题，需要作出调整的；

⑦ 应急预案编制单位认为应当修订的其他情况。

（3）对组织指挥体系与职责、应急处置程序、主要处置措施、分类分级标准等重要内容进行修订的，应当按本办法规定进行评审和备案。

2.5.3 应急物资、设备的储备

预案编制单位应按照要求，制定应急物资和设备储备计划，完善应急物资管理办法，做好应急物资的管理工作。

（1）储备种类：依照工程特点、上级部门的要求和突发事件处置的需要，主要针对突发事件的应急处置进行物资和资金等方面的储备。储备的物资类型应包括应急装备、应急医疗器材、应急照明及电源、抢救器材、抢险救援物资、防护装备、后勤保障设备及应急设施等。

（2）储备方式：结合物资特性和应急需求，统一规划，实行实物储备、计划储备、资金储备和信息储备相结合的方式进行储备，实施动态管理，及时调整、补充。

① 实物储备：较为稀缺的应急物资和经常使用的应急物资，以便突发事件发生时可立即调用。

② 计划储备：对不便管理，有效期短或不能及时从市场上购买的物资，与企业签订储备合同，随时调用。

③ 资金储备：对货源充足，能够及时从企业或市场上购买的物资，预留一定数量的资金并根据应急需要购置物资。

④ 信息储备：指通过网络平台，建立工程施工应急物资储备信息库，在需要的时候能够迅速地检索出所需物资的生产、供应信息。

储备在施工现场的应急设备及物资，项目部应安排专人进行保管，并定期进行检查，以确保设备及物资的完好、有效，在突发事件发生时可以随时调用。

2.6 职业病危害预防及防护措施

2.6.1 目的

预防、控制和消除职业病危害，防治职业病，保护劳动者健康及其相关权益，促进企

业的经济发展，实现职业健康安全目标。

2.6.2 防治方针

职业病的防治工作要坚持"预防为主、防治结合"的方针。为施工现场作业人员创造符合国家职业卫生标准和卫生要求的工作环境和条件，并采取措施保障施工现场作业人员获得职业卫生保护。

2.6.3 职业病危害种类

根据施工现场的具体情况，目前地铁建设工程中主要存在以下四大类职业危害。

（1）生产性粉尘的危害：在建筑行业施工中，材料的搬运使用、石材的加工、建筑物的拆除均可产生大量的矿物性粉尘，长期吸入这样的粉尘可发生矽肺病。

（2）焊接作业产生的金属烟雾危害：在焊接作业时可产生多种有害烟雾物质，如电气焊时使用锰焊条，除可以产生锰尘外，还可以产生锰烟、氟化物、臭氧及一氧化碳，长期吸入可导致电气工人尘肺及慢性中毒。

（3）生产性噪声和局部振动危害：建筑行业施工中使用的机械工具如钻孔机、电锯、振捣器及一些动力机械都可以产生较强的噪声和局部的振动，长期接触噪声可损害职工的听力，严重时可造成噪声性耳聋，长期接触振动能损害手的功能，严重时可导致局部振动病。

（4）高温作业危害：长期的高温作业可引起人体水电解质紊乱，损害中枢神经系统，可造成人体虚脱，昏迷甚至休克，易造成意外事故。

2.6.4 防护措施

1. 作业场所防护措施

（1）在确定的职业危害作业场所的醒目位置，设置职业病危害告知警示标志。

（2）在施工现场进行石材切割加工、建筑物拆除等有大量粉尘作业时，应配备行之有效的降尘设施和设备，对施工地点和施工机械进行降尘。

（3）在封闭的作业场所进行施工作业时，要采取强制性通风措施，配备行之有效的通风设备进行通风，并派专人进行巡视。

（4）对从事高危职业危害作业的人员，工作时间应严格加以控制，并针对性的急救措施。

2. 个人防护措施

（1）加强对施工作业人员的职业病危害教育，提高对职业病危害的认识，了解其危害，掌握职业病防治的方法。

（2）接触粉尘作业的施工作业人员，在施工中应尽量降低粉尘的浓度，在施工中采取不断喷水的措施减少扬尘。并正确佩戴防尘口罩。

（3）封闭场所作业时，施工人员应严格按照操作规程进行施工，施工前要检查作业场所的通风是否畅通，通风设施是否运转正常，作业人员在施工作业中要正确佩戴防毒口罩。

（4）电气焊作业操作人员在施工中应注意施工作业环境的通风或设置局部排烟设备，使作业场所空气中的有害物质浓度控制在国家卫生标准之下，在难以改善通风条件的作业环境中操作时，必须佩戴有效的防毒面具和防毒口罩。

（5）进行噪声较大的施工作业时，施工人员要正确佩戴防护耳罩，并减少噪声作业的时间。

（6）长期从事高温作业的施工人员应减少工作时间，注意休息，保证充足的饮用水，并佩戴好防护用品。

（7）从事职业危害作业的职工应按照职业病防治法的规定定期进行身体健康检查。

3. 具体防护技术措施

（1）防尘技术措施

粉尘即悬浮于空气中直径大于 $0.1\mu m$ 的固体粒子，生产性粉尘是指生产过程中产生的，并能较长时间悬浮于空气中的固体颗粒。粉尘类危害包括切割石料、机械行走（作业）产生的扬尘及水泥粉尘等。其预防和防护措施包括：

1）首先做好个人防护，如施工环境粉尘超标必须佩戴防护用品（如口罩、防尘口罩、防尘面具等）。

2）施工现场、车辆行走道路在干燥无雨情况下每隔 2h 洒水一次，减少粉尘。

3）固定场所配备通风设备或排气扇，将含尘气体抽出，并配合除尘器净化后排入大气，使作业环境空气含尘浓度达到卫生标准要求。

4）加强监督检查

① 定期检查粉尘作业点的含尘浓度是否达到卫生标准。

② 定期检查除尘设备和除尘措施的运行情况。

③ 定期检查从事粉尘作业人员的身体。

（2）弧光辐射、红外线、紫外线的防护措施

夏季强烈的太阳光线中，含有红外线和紫外线，生产中的红外线和紫外线主要来源于火焰和加热的物体，如锻造的加热炉、气焊和气割等。

1）为了保护眼睛不受电弧的伤害，焊接时必须使用镶铱特制防护眼镜片的面罩。可根据焊接电流强度和个人眼睛情况，选择吸水式滤光镜片还是反射式防护镜片。

2）为防止弧光灼伤皮肤，焊工必须穿好工作服、戴好手套和鞋盖等。

（3）防止噪声危害的技术措施

主要应从以下及个方面着手：

1）控制和减弱噪声源。从改革工艺入手，以无声的工具代替有声的工具。

2）控制噪声的传播。合理布局；应从消声方面采取措施：①消声；②吸声；③隔声；④隔振。

3）做好个人防护。如及时戴耳塞、耳罩、头盔等防噪声用品。

4）定期进行预防性体检。

（4）防止振动危害的技术措施

1）隔振，就是在振源与需要防振的设备之间，安装具有弹性性能的隔振装置，使振源产生的大部分振动被隔振装置所吸收。效果均较好。

2）改革生产工艺，是防止振动危害的治本措施。

3）有些手持振动工具的手柄，包扎泡沫塑料等隔振垫，工人操作时戴好专用的防振手套，也可减少振动的危害。

（5）防暑降温措施

为了补偿高温作业工人因大量出汗而损失的水分和盐分，最好的办法是供给含盐

饮料。

对高温作业工人应进行体格检查，凡有心血管器质性疾病者不宜从事高温作业。炎热季节医务人员要到现场巡回医疗，发现中暑，要立即抢救。

2.7 安全管理台账

根据浙建管（2013）1号关于印发《浙江省建设工程施工现场安全管理台账》的通知精神，杭州市地铁建设工程安全台账的建立、分类与管理应按照本通知的要求，台账分为四大类即安全管理类、消防管理类、安全检查与验收类、施工机械类。根据地铁建设的特点并结合我市实际情况，本地铁施工安全标准化手册的安全台账细化为十本台账，其中安全管理类（台账一～台账五）、消防管理类（台账六）、安全检查与验收类（台账七）、施工机械类（台账八～台账十）。项目部根据施工范围、施工阶段可细化台账，增加分册，补充完善在十本台账中。

2.7.1 安全管理基本情况（台账一）

（1）内容

① 建设工程项目基本情况表；

② 证书清单；

③ 危险性较大分部分项工程清单；

④ 危险源识别与风险评价表；

⑤ 重大危险源动态管理控制表；

⑥ 项目管理人员及资格证书登记表；

⑦ 特种作业人员及操作资格证书登记表；

⑧ 劳务作业人员及岗前教育证书登记表；

⑨ 施工现场主要机械设备一览表；

⑩ 施工现场总平面布置图；

⑪ 施工现场安全标志（含消防标志、管线分布）平面布置图；

⑫ 施工现场安全防护用具一览表；

⑬ 项目安全生产措施费用使用计划（预算表）；

⑭ 项目安全生产措施费用投入统计表。

（2）说明

① 证书清单：包括中标通知书、施工许可证、企业资质证书、安全生产许可证、分包单位资质证书及安全生产许可证等（复印件附后）；

② 危险性较大的分部分项工程划分根据建质（2009）87号文件规定。

2.7.2 安全规章制度（台账二）

（1）内容

① 建设工程安全生产法律、法规、规章和规范性文件清单；

② 建设工程安全生产技术标准、规范清单；

③ 施工企业安全生产规章制度清单；

④ 项目部安全管理机构网络；

⑤ 项目部安全生产责任制；

⑥ 项目部各级安全生产责任书；

⑦ 项目部安全生产责任制考核规定及记录；

⑧ 项目安全生产事故应急救援预案；

⑨ 安全事故快报制度及报表。

（2）说明

项目部各级安全生产责任书包含各班组及施工人员安全责任书。

2.7.3　施工组织设计（专项施工方案）（台账三）

（1）内容

① 项目施工组织设计及专项施工方案的清单；

② 各专项施工方案。

（2）说明

施工组织设计中要根据工程特点、施工方法、劳动组织、作业环境、新技术、新工艺、新设备等情况在防护、技术、管理上制定针对性的安全措施；专项施工方案，如桩基工程、地下连续墙工程、深基坑工程、施工监测专项方案（第三方监测专项方案）、施工降水工程、模板工程、脚手架工程、施工用电、盾构法（矿山法）施工、冷冻法施工、起重吊装（龙门吊拆、安）等；施工组织设计、专项安全施工方案必须由专业技术人员编制，经相关责任人员审查批准、签名盖章后方可实施，专项方案在实施过程中，需调整的，应及时编制补充方案。

2.7.4　安全教育与交底（台账四）

（1）内容

① 作业工人三级教育登记表；

② 作业工人三级安全教育登记卡；

③ 项目管理人员年度安全培训登记表；

④ 变换工种教育登记表；

⑤ 安全技术交底记录汇总表；

⑥ 安全技术交底记录表；

⑦ 民工学校有关资料。

（2）说明

新进场工人必须按规定进行三级安全教育、未经教育不得上岗操作。普工必须取得杭州市岗前教育培训证书；采用新技术、新工艺、新设备、新材料和调换（含临时变换）工种须进行新技术操作规程教育和新岗位的安全技术教育；职工安全教育登记卡中应有具体的安全教育内容及时间；安全技术交底类别指总分包安全技术交底、专项施工方案安全技术交底、工人岗前安全技术交底、季节性交底等；专项施工方案交底内容较多时可附有关交底资料；安全技术交底必须与下达施工任务书同时进行，固定场所的工种（包括后勤人员）可定期交底，非固定作业场所的工种可按每一分部（分项）工程或定期进行交底，新进场班组必须先进行安全技术交底再上岗；安全技术交底内容应包括工种场所的安全防护设施、安全操作规程及安全注意事项；安全技术交底应按分部施工顺序先后填写，分项工程按实际作业内容填写；季节性施工、特殊作业环境等也须进行安全技术交底。

第3章 文明施工及现场管理

3.1 文明施工管理

3.1.1 文明施工保证体系

（1）以项目经理为文明施工管理的第一责任人的原则，建立健全岗位文明施工责任制，使文明施工管理"竖向到底、横向到边、专管成线、群管成网、责任到人、分工合作"。

（2）坚持文明施工同安全、进度、质量、成本管理有机结合的原则。

（3）遵循在管理安全生产的同时必须负责文明施工的管理原则。

文明施工保证体系框图见图 3.1-1。

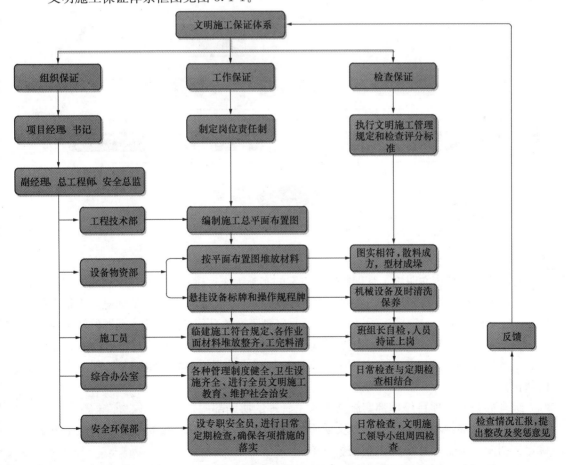

图 3.1-1　文明施工保证体系框图

3.1.2 管理方针及工作目标

（1）管理方针

高度重视施工现场文明施工管理，与环境保护有机结合，体现公司品牌战略。

（2）工作目标

确保"杭州市建设工程安全生产、文明施工标准化样板工地"，力争"浙江省建筑安全文明标准化工地"。

（3）基本要求

① 建筑工程施工现场应当做到围挡、大门、标牌标准化，材料码放整齐化（按照现场平面布置图确定的位置集中、整齐码放），安全设施规范化，生活设施整洁化，职工行为文明化，工作生化秩序化。

② 建筑工程施工要做到工完场清、施工不扰民、现场部扬尘、运输无遗撒、垃圾不乱弃，努力营造良好的施工作业环境。

3.1.3 组织机构及职责

（1）组织机构

施工项目部成立以项目经理为组长、项目副经理（书记）为副组长的文明施工领导小组，总工程师、安全总监、项目副经理负责文明施工的组织和管理。组织机构图见图 3.1-2。

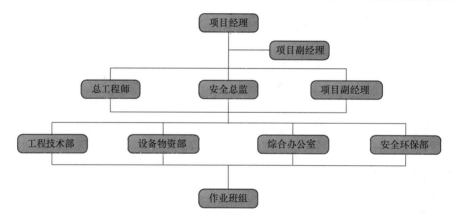

图 3.1-2 文明施工组织机构图

（2）职责

领导小组：负责文明施工管理制度和方案的实施工作；建立并执行施工现场文明施工管理检查制度；组织针对施工现场文明施工管理的检查，对检查中所发现的问题，应根据具体情况，定时间、定人、定措施予以解决，项目经理部有关部门应监督落实问题的解决情况。

安全环保部：项目经理部实施文明施工管理的主管部门，主要通过检查的方式监督文明施工各项管理制度以及方案在施工过程中的落实，并督促违规现象的整改和不文明行为的纠正。

综合办公室：项目经理部实施文明施工管理的协助部门。

工程技术部：项目经理部实施文明施工管理的执行部门，主要负责在编制施工方案时确定文明施工措施，并在施工现场负责落实。

设备物资部：项目经理部实施文明施工管理的执行部门，主要负责依据下场规划图停放机具和物资，并对其进行规整，同时负责用于文明施工方面的材料采购。

3.2 项目部驻地建设

3.2.1 总体规划

（1）选址要求

不受洪水、泥石流和台风威胁，避开塌方、落石、滑坡、危岩地段；避开取土、弃土场地；避开高压线及高大树木，与通信线路保持一定距离；必须离集中爆破区 500m 以外。

（2）管理要求

靠近现场、便于管理、不受施工干扰；交通便利、尽量靠近主要道路，尽量避免引入线；通信通畅、邮路便捷、满足办公自动化要求。

（3）驻地建设总体要求

① 驻地建设应因地制宜，与周边建筑物、景观等尽量保持环境一致性，尽量不破坏原有景观。施工现场的施工区域应与办公、生活区划分清晰，并应采取相应的隔离措施。现场项目部办公室、宿舍生活区应实施全封闭，应有固定的出入口，并设置大门，出入口应设置专职保卫人员，制定专门的管理制度。

② 临时设施搭建不得超过二层，并应经具有相应资质的设计单位进行设计，并满足安全、消防、卫生、保温、通风等要求。应设置缆风绳，保证抗风安全要求。

③ 所有宣传、标识宜执行企业文化标准，遵循杭州市政府、地铁公司的相关要求。在项目经理部醒目位置竖排布置项目名称、党团组织等名称牌。办公区、生活区有明显标识，宣传标识齐全。区域内的民工、分包方统一纳入总体规划。

④ 临时宿舍、办公用房、活动房骨架采用方管、角钢、工字钢等型钢制作。墙面和屋面板等建筑构件燃烧性能等级应为 A 级。活动房应有产品合格证和检验检测报告，使用前应进行安装验收，材料合格并通过监理签认后方能投入使用。

⑤ 宿舍、办公室数量应根据工程实际情况确定，办公区四周应采取良好的排水措施。有条件的工地可因地制宜营造职工休息区，美化环境，改善职工在工地的生活条件。休息区应尽量减少硬地化，增加绿化面积。

⑥ 办公楼应美观规范、布置灵活、拆装方便。标准规格为双层，双楼梯。办公、生活区标准间开间宽不小于 3.45m，进深不小于 5.75m，正面一门一窗，背面一窗。楼梯和二楼走廊宽度不小于 1.2m，如为中间设置走廊应不小于 2.35m，扶手栏杆高度不低于2.1m。8 间及以上设置双侧上下楼梯。

⑦ 活动板房一层地面使用地板砖，二层地面使用复合地板。

⑧ 驻地临时设施搭设完成后建设单位应组织施工单位、监理单位进行检查验收，验收通过后才准许使用。利用既有建筑物作为建设工地办公、生活用房使用的，建设单位也应组织施工单位、监理单位进行检查验收。对于采用砖砌体砌筑的临时用房，应经具有相应资质的设计单位进行设计，具备相应施工资质的施工单位进行施工，确保施工质量和建筑物的安全牢固。

⑨ 生活用水应采用市政自来水。禁止生活污水直接排入市政管网、河道等，应设置满足要求的三级沉淀池净化后排入市政污水管。

⑩ 应设置停车场所，停车场地采用硬化地面等，并划线明显标识，设置停车场指示牌。

图 3.2-1　项目部全景

图 3.2-2　项目部平面布置

说明：图示做法为示意图，各企业在建设中，本着精简节约、体现企业文化特色的原则，设置临时设施（下同）。

1. 大门及门卫室
项目部大门的布置应遵循简洁并富有企业特色的原则。

图 3.2-3　项目部大门示例一

图 3.2-4　项目部大门示例二

图 3.2-5　项目部门卫亭示例一

图 3.2-6　项目部门卫亭示例二

2. 驻地围蔽

项目部驻地一般采用金属围栏或砖砌围墙进行围蔽。围蔽高度一般不得低于2.4m；采用实体围墙时，围墙外侧应进行美化。

图 3.2-7　金属围栏

图 3.2-8　砖砌围墙

3. 停车场

停车场分为机动车停车场和非机动车停车场。机动车停车场应根据具体情况设置，以满足停车要求为原则，条件允许的情况可以设置车位顶棚；非机动车停车棚应设在开阔地，棚内必须配备充电设施，停车棚大小应以满足项目部工作人员停车为宜，高度不得低于2.4m。

图 3.2-9　项目部停车场

图 3.2-10　停车场标识

图 3.2-11　停车场示例一

图 3.2-12　停车场示例二

图 3.2-13　非机动车停车棚

4. 绿化及园林设施

项目部驻地非建设用地除硬化的道路以外，剩余部位还应进行绿化，绿化植物的选择以低矮灌木及草皮为主。此外，条件较好的情况，还可以配备诸如鱼池、凉亭、喷泉等景观，但不作为硬性要求。

图 3.2-14　绿化

图 3.2-15　鱼池

图 3.2-16　凉亭

图 3.2-17　喷泉

3.2.2　"五小设施"

1. 宿舍

图 3.2-18 宿舍外景

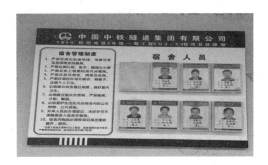

图 3.2-19 住宿人员信息上墙

图 3.2-20 宿舍内景

图 3.2-21 宿舍内设施

宿舍的设置应满足以下要求：

（1）统一设置床铺和储物柜，严禁使用通铺，双层床每人房屋面积不少于 2m²，单层床不少于每人 4m²，每间不超过 8 人；

（2）整齐一致，布置合理，卫生清洁，室内通风照明良好、整洁；

（3）宿舍用电无私拉乱接线的情况，有保暖、消暑、防蚊虫叮咬措施；

（4）宿舍内应保证有必要的生活空间，室内净高不得小于 2.4m，通道宽度不得小于 0.9m；

（5）施工现场宿舍必须设置可开启式窗户，安装空调；

（6）宿舍内应设置生活用品专柜，有条件的宿舍宜设置生活用品储藏室。

2. 食堂及餐厅

食堂及餐厅的设置应满足以下要求：

（1）食堂应设置在远离厕所、垃圾站、有毒有害场所等污染源的地方；

（2）食堂应设置独立的制作间、储藏间，并有防鼠挡板及防蚊蝇措施；

（3）制作间灶台及其周边应贴瓷砖，所贴瓷砖高度不宜小于 2.1m，地面应做硬化和防滑处理；

（4）食堂应配备必要的排风设施和冷藏设施；

（5）餐厅应简洁明亮，并配有电视、空调等。

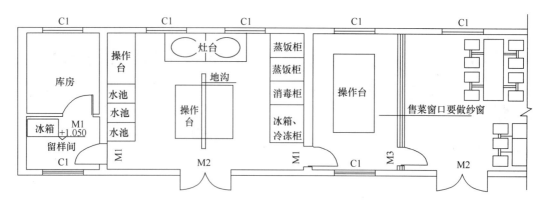

图 3.2-22　标准食堂平面图

图 3.2-23　证件上墙

图 3.2-24　操作间

图 3.2-25　餐厅

3. 浴室

浴室的设置应满足以下要求：

（1）男女浴室单独设置，并配备储衣柜或挂衣架等；

（2）照明灯具应选用密闭型防水照明器，开关设置于浴室门外或采用防水开关；

（3）淋浴室不低于 2.5m，地面贴防滑地砖、设排水地漏或加盖板式通槽排水；

（4）淋浴器与员工的比例宜为 1：20，间距不宜小于 1000mm。浴室内必须设置冷热水管和淋浴喷头，淋浴室应设置节水龙头。

图 3.2-26 洗浴间标识

图 3.2-27 洗浴间（隔离式）

图 3.2-28 洗浴间（通式）

图 3.2-29 热水设施

4. 厕所

厕所的设置应满足以下要求：

（1）必须分设男、女厕所，面积按现场平均人数 0.2m²/人设置，高度不得低于 2.5m；

（2）厕所内墙、蹲坑、坑槽均应贴瓷砖，墙裙瓷砖高度不低于 1.2m，地面应贴防滑地砖；

（3）纱窗纱门，厕所应留有通气孔，厕所采光良好，夜间应设有照明；

（4）厕所蹲坑宜高出地面 100～120mm 设置，并设置隔板（含侧向隔板），通槽式水冲厕所槽深度不得小于 0.4m，宽度为 0.2～0.25m。

图 3.2-30 独立卫生间

图 3.2-31 通槽式卫生间

图 3.2-32　洗手池

5. 办公室

办公室的设置要求：

（1）条件允许情况下各部门办公室应隔开，房间净宽高度应控制在 2.6m 以上，地面硬化并贴地砖，门窗齐全，通风、照明良好，有条件墙面抹灰刷白；

（2）办公场所必须配备必要的办公设备、并整齐排列；

（3）室内根据部门/人员不同，要求有关制度图表上墙，文件归档整齐（每个办公室应配置满足日常使用的资料柜）。

图 3.2-33　办公室门牌

图 3.2-34　办公室内景

图 3.2-35　办公室内景

图 3.2-36　办公室职责、制度上墙

3.2.3 "二室"建设

1. 会议室

会议室的设置要求:

（1）会议室室内高度不低于2.6m，一般情况下必须能够容纳30人同时开会并不小于60m²，门窗齐全，应设置2个门，保证发生危险时能及时疏散参会人员。铺设地砖，墙面抹灰刷白;

（2）双层活动房会议室宜设置在一楼;

（3）会议室要求通风、照明良好，还必须设有取暖、防暑降温设备;

（4）会议室必须配备必要的会议桌和椅子，非整体性的会议桌要铺桌布。会议室内适当盆景点缀，还必须配备投影仪、扩音话筒等常用会议设施和1m²左右的写字板;

（5）会议室内应粘贴组织机构图，安全、质量、环保保证体系，工程概况、线路平、纵面缩图，工程形象进度图，项目管理方针和管理目标。

图 3.2-37　会议室全景

图 3.2-38　框图上墙

图 3.2-39　图表上墙

图 3.2-40　会议室内器具柜

2. 资料室

资料档案室的设置要求:

（1）资料室面积应不小于20m²，净宽高度控制在2.6m以上，选用A级阻燃材料，地面硬化，门窗齐全，墙面抹灰刷白;

（2）所有档案资料保存在专用金属柜内，由专人负责收发;

（3）档案资料室应能防潮、防火，照明通风良好，并配备消防设备；

（4）根据工程项目划分，编制档案卷内目录，设置相应档案盒及标签，并事先上架。

图 3.2-41　管理制度上墙

图 3.2-42　标准、整齐的档案柜

3.2.4　消防及抗台设施

1. 消防设施

生活区及办公区所有房屋均应采用耐火等级为 A 级的岩棉夹芯板搭建而成，按规定配备消防器材，并留有消防通道。消防通道的设置标准为：宽度不低于 4m，通道内不应设置影响消防车通行或人员安全疏散的设施；消防器材的配备标准：每 50～100m² 配置 1 个，置于灭火器箱内。

图 3.2-43　消防通道

图 3.2-44　消防设施

2. 抗台风设施

杭州地区为台风多发地区，项目部驻地所有房屋均应设置抗台风设施。

图 3.2-45　揽风绳设置

图 3.2-46　揽风绳地锚

3.2.5 民工学校

（1）地铁建设工程应从工程开工到完工建立民工学校。

（2）施工单位应在搭设建设工地临时设施时，根据工程建设作业人员规模，同步规划建设民工学校设施，配建能够容纳主要岗位作业人员和满足基本教学要求的教室，且面积不小于 $40m^2$。采用活动房配建教室的，应选择底层为宜。教室门口应悬挂标牌。

（3）民工学校应配置黑板、视频设备等必需的教学设施和不少于 30 名学员使用的桌椅；教室内统一悬挂民工学校章程、办学机构网络、教学管理制度、师资配备、教学计划、学员守则和奖惩制度等告示牌；建立反映教学动态和学员情况的"学习园地"，营造良好的学习氛围。

图 3.2-47　民工学校铭牌

图 3.2-48　民工学校内设施

图 3.2-49　民工学校内设施

图 3.2-50　民工学校学习园地

3.2.6 宣传设施

图 3.2-51　企业文化宣传一

81

图 3.2-52　企业文化宣传二

图 3.2-53　充分利用空间进行文化宣传

图 3.2-54　宣传橱窗

图 3.2-55　企业业绩展示室

项目部宣传、标示标语作为加强企业文化建设的一部分，作为项目部对外展示窗口，可根据项目特点及企业文化、单位理念等综合布设。

3.2.7 辅助设施

1. 活动场所

为丰富职工文化、体育、娱乐生活，室内需设置活动室。其高度不小于 2.5m，面积不小于 20㎡，铺设地板砖，配备电视机、报刊、杂志或其他娱乐用品，同时配备乒乓球桌或台球桌等健身、体育设施。活动室管理制度必须齐全，专人负责管理。根据场地条件也可在室外设置活动场所。

图 3.2-56　户内活动室　　　　　　图 3.2-57　户外活动场地

2. 医务室

工地应配置一名经过培训合格的专（兼）职医务人员，购买常用药品、担架等常用医疗器械。医务室设在生活区内，制定合理的医治和急救措施，要经常开展卫生防病教育。

图 3.2-58　医务室铭牌　　　　　　图 3.2-59　急救药箱及担架

3. 晾衣棚、洗漱间

图 3.2-60　晾衣棚　　　　　　　　图 3.2-61　洗漱间

图 3.2-62 垃圾桶（分类存放）

项目部驻地为满足工作人员生活需要，还必须设置晾衣棚、洗漱间等。晾衣棚以不锈钢构件搭设，顶部配以透光塑料板，高度不得低于 2.4m；洗漱间地面应铺设防滑地砖，并配备开水设施。

4. 垃圾分类处理

食堂、住宿区、办公区设置垃圾桶（垃圾池），按可回收无害垃圾、不可回收无害垃圾、有害垃圾分类存放，及时清理。

3.3 管线迁改及交通导改

3.3.1 管线改迁管理

城市地下管线是指城市范围内供水、排水、燃气、热力、电力、通信、广播电视、工业等管线及其附属设施，是保障城市运行的重要基础设施和"生命线"。

1. 管线保护程序

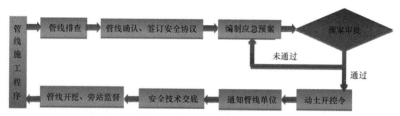
图 3.3-1 管线施工程序

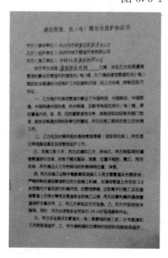
图 3.3-2 安全保护协议

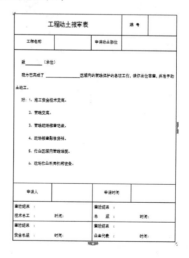
图 3.3-3 动土开挖令

（1）管线排查

在施工现场内的各类市政管线必须在开挖前进行排查，排查内容主要是管线的位置、走向、埋深等相关数据，切实了解管线的数据。

（2）管线确认

① 请管线单位的工程技术人员到现场对管线数据的准确性进行确认，通过管线单位人员确认并留存记录。

② 与管线单位签订安全协议书，明确各单位责任。协议中应提出在对管线进行开挖时，请管线单位工程技术人员到现场帮助指导。

（3）管线开挖

① 必须提前24h通知管线单位人员到场帮助指导管线的开挖。管线单位通知不来人到场时，需要将情况及时通知监理单位及业主单位。

② 动土开挖前，必须先向监理单位申请"动土开挖令"，经过相关责任人签字后方可动土开挖。

③ 工程部、安全部必须对作业人员进行管线交底及安全交底，并留存记录。

（4）旁站监督

现场开挖时，工程部技术人员与安全监督管理人员全程旁站监督施工机械和作业人员。

2. 管线施工要求

（1）临时围挡

管线迁改施工现场应采用不低于2.4m的半通透临时围挡，基础座与顶压板应采用黄黑色警示，网片采用黄色。

（2）安全警示标识

现场内无法迁改的管线必须在醒目位置悬挂安全警示牌并悬挂管线告知牌（告知牌内应有管线名称、位置、注意事项等）。

图 3.3-4　管道标识牌

（3）和谐共建

① 施工前，应与社区的工作人员先沟通，通过工作人员让周边居民清楚地知道附近哪个点即将施工、哪个点将影响居民的出行，好让居民能够提前知道，减少因施工带来的负面影响。

② 施工现场的主要出入口应当设置施工告示牌，临时围挡上应粘贴温馨提示牌或温馨标语，争取周边居民的理解。

③ 现场施工需要停水、停电、停气等可能影响施工现场周围地区单位和居民的工作、生活时，应当依法报请有关行政主管部门批准，并按照规定事先通告可能受影响的单位和居民。

图 3.3-5　告知牌图　　　　　　　　图 3.3-6　温馨提示牌

（4）监控措施

① 迁改或施工周边的管线必须采取监测措施，对条件允许的情况下，在管线接头位置埋设沉降监测点，进行日常监测。

② 对悬吊保护的管线，进行每日巡查。

③ 及时分析监测数据，发现达到报警值的管线必须立即上报并采取应急措施。

（5）文明施工

① 施工现场必须配备 1 名文明施工管理人员及不少于 2 人的文明施工工人，并根据现场实际需要增加文明施工管理人员及工人。

② 临时围挡基础座下面应采取封堵措施，防止场地内泥土外流到路面。围挡应当定期检查、清洗，保持牢固、整洁、美观。

③ 现场材料堆放应与围挡保持安全距离，高度不得超过围挡。材料应当标明名称、品种、规格数量，禁止在围挡外堆放材料和废弃物。

④ 现场需要使用预拌混凝土和预拌砂浆，需要使用散装水泥的，应当采取密闭防尘措施。

⑤ 现场材料易产生扬尘的，应当进行喷淋、遮盖处理。

⑥ 施工现场临时堆放土方的，应当采取覆盖措施。

⑦ 施工现场应当定期清扫、喷淋或者喷洒粉尘覆盖剂。

⑧ 施工现场出入口应当设置车辆冲洗设施和排水、废浆沉淀设施，运输车辆应当冲洗干净后出场。不具备设置沉淀池条件的施工现场，应当派专人在冲洗后清扫废水。发布空气重污染二级预警（橙色）时，应当停止渣土运输。渣土运输业务应当发包给具有相应资质的运输单位。

⑨ 施工过程中产生的污水、废浆和淤泥应当按照规定处置达标后排放，不得向自然水域排放。废浆、淤泥应当使用密闭式车船运输。

⑩ 施工现场使用的产生噪声的固定设备应当设置在远离噪声敏感建筑物一侧，运输车辆进入施工现场严禁鸣笛。在施工现场装卸材料应当采取减轻噪声的方式，不得倾倒或者抛掷金属管材等材料。

3. 管线保护措施

（1）无法迁改的管线保护措施

施工现场内无法迁改的各类管线，建议采取以下保护措施。

① 悬空的管线应在管线上方架设槽钢或贝雷桁架，用花篮螺丝、钢丝索将管线吊牢。电力、燃气管线与钢丝索接触之间应采取绝缘措施，供水、排水管线可采取直接悬吊，通

86

信、广播电视管线与钢丝索接触之间应采取防护措施，以免损坏管线外皮。

②　地面管线应采取砖砌防护带，高出地面部分采取砖砌基础保护措施。

（2）在管线附近施工的保护措施

根据现场实际管线的种类及周边地址情况，编制相对应的管线保护措施。可采用工字钢横梁结合钢板桩支托法或工字钢横梁结合钢丝绳悬吊法等保护措施。

图 3.3-7　钢桁架保护措施

图 3.3-8　钢管桁架保护措施

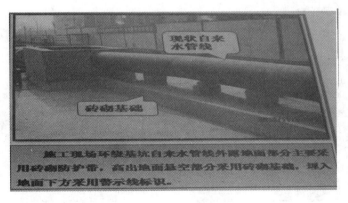

图 3.3-9　衬砌基础保护措施

图 3.3-10　管线保护方案

3.3.2　交通导改

1. 标线

交通导改后的道路应按交通组织要求进行标线，标线应清晰、耐久，并符合规范要求。

图 3.3-11 交通导改后的道路

2. 交通指示标志、标牌

交通导改后道路交叉口必须按规范设置警示和指引标志、标牌。

图 3.3-12 道路警示、指引标志标牌

3. 隔离及警示设施

为保证施工区域的行车安全，应在适当位置设置隔离栏杆、隔离墩、爆闪灯、锥形交通标、减速带等施工安全设施。

（1）隔离护栏：用以阻拦车辆及行人前进或指示改道。设在因道路施工而导致交通阻断路段的两端或周围。

图 3.3 13　隔离钢护栏示例

（2）锥形交通标：与路栏配合，用以阻拦或分隔交通流。设在需要分隔车流、引导交通、指引车辆绕过危险路段的周围或之前的适当地点。

图 3.3-14　锥形交通标使用示例

（3）施工警示灯（带）：用以警告车辆驾驶人前方道路施工，应减速慢行，设于夜间施工路段附近。

图 3.3-15　警示灯（带）使用示例　　　　图 3.3-16　爆闪灯示例

（4）警示柱：提醒车辆或行人道路情况变化，小心通过。

（5）其他施工区标志：用以通告道路交通阻断、绕行等情况。设在道路施工路段前适当位置。施工标志为长方形，蓝底白字，图案部分为黄底黑图案，可根据道路交通情况选择使用。

图 3.3-17　交通警示柱示例

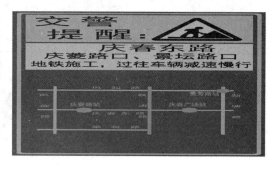

图 3.3-18　交通导改牌示例

（6）围挡照明及警示：照明亮度和照度不低于同样条件下原路灯的状况，不能出现死角；出现故障应及时更换，谨防触电和漏电；重要路口围墙顶部设置警示灯，提醒路人注意安全。

图 3.3-19　围挡照明灯

图 3.3-20　围挡警示灯

3.4　车站工程施工现场建设

3.4.1　场地规划

施工现场按照文明施工、安全生产的要求，合理布置各项施工设施，科学规划施工道路，尽量降低运输费用；科学确定施工区域和非施工区域，尽量减少专业工种之间交叉作业；各项施工布置都要满足"有利于施工、方便生活、安全生产和环境保护"要求为原则，对施工现场进行布置。

1. 施工围挡

（1）标准围挡。总高度不低于 2.1m，底部设 30cm 高砖砌基础，围挡采用白色轻质双层夹心彩钢板，高度不低于 2.4m；围挡立柱采用砖砌立柱与钢立柱每隔 6m 布置，立柱与地面设置斜拉撑；围挡外部采用彩色喷绘画面进行美化。围挡的设置必须满足"亮化、序化、美化、洁化"的要求。

图 3.4-1　围挡总体效果　　　　　　　　图 3.4-2　围挡局部效果

（2）通透式围挡。为满足交通组织要求，在工地现场的局部位置还需要设置通透式围挡。通透式围挡，除基础及立柱以外，全部采用电焊钢网，网眼大小为符合相关要求（如10.0cm×10.0cm），其余参照封闭式围挡。

（3）临时围挡。临时围挡局部施工时的非正式围蔽。一般高度不低于1.2m，可采用彩钢板、夹芯板等加工制作而成。

为防止机动车因过失驾驶冲进施工现场坠落到基坑内造成事故，紧邻机动车道的深基坑临边应设置高度不低于1.2m、厚度不低于30cm的钢筋混凝土防撞墙，防撞墙上部按照要求设置围挡。

图 3.4-3　全通透式围挡示例　　　　　　图 3.4-4　半通透式围挡示例

图 3.4-5　临时围挡

2. 工地大门及门卫室

施工现场场地实行封闭式管理，在出入口处设置大门及门卫室，并安装电子门禁系统，用于施工现场人员的动态管理。工地大门两侧设 80cm×80cm 的门柱；大门宜采用钢大门，并满足业主及地方要求；大门总宽度宜为 8～10m，采用对开式或侧滑式；大门须美化，可进行企业文化宣传。

图 3.4-6 工地大门示例

图 3.4-7 门禁系统示例

图 3.4-8 门禁系统示例

图 3.4-9 门卫室示例

3.4.2 现场布置

1. 施工告示牌及宣传栏

依据管理要求，工地现场必须在醒目位置设置施工告示牌，体现建设工程名称；建设、勘察、设计、施工、监理单位名称及项目负责人姓名；开工、计划竣工日期和投诉电话；夜间施工的时间和许可情况；文明施工的主要措施；其他依法应当公示的内容。地铁车站工程两端和交叉路口的明显位置设置公示牌，公示施工范围和联系电话等内容。

图 3.4-10 六牌二图示例

同时悬挂工程效果图、工程平面布置图。建议在施工现场设置专门的现场管线图存放地点，以便在施工过程中随时掌握现场管线情况，防止管线的破损。

图 3.4-11　六牌二图示例

工地宣传栏宜设置在工地现场醒目位置，主要用于宣传企业业绩、安全生产、党政团工作、项目文化、安全生产文明施工教育图片等。

图 3.4-12　宣传栏示例

图 3.4-13　宣传栏示例

2. 施工便道

图 3.4-14　硬化后的施工便道

图 3.4-15　硬化后的施工便道

施工车辆通行的便道在围挡内侧沿基坑周边设置，满足施工期间机械设备、材料等进出场及文明施工要求。施工便道宽度不宜小于7m，场地受限时不宜小于4m并确保施工机械、车辆正常通行，便道采用C20以上素混凝土硬化，不行车便道硬化厚度不小于10cm，行车便道硬化厚度不小于15cm，根据实际需要局部可采用钢筋混凝土硬化。

3. 冲洗设施"清洁运输"

在施工场地出入口处设置洗车槽，配置高压水枪，运输车辆出场前要彻底清刷车体和车轮，净车出场，确保实现"清洁运输"，并需设置三级沉淀池，沉淀池与市政污水管网相通，洗车污水未经沉淀不得随意排入市政污水管网。施工现场需配备自动洗车设施，采用人工和自动冲洗相结合的方式保证运输车辆整洁干净。

图 3.4-16　洗车槽及三级沉淀池　　　　　图 3.4-17　洗车槽

图 3.4-18　自动洗车设施　　　　　图 3.4-19　工作中的自动洗车设施

4. 材料堆放

图 3.4-20　钢材堆放　　　　　图 3.4-21　钢支撑堆放

用于现场施工的材料、构件等，应分类堆放，有标识标牌，堆放场地应硬化。一般材料堆高不得高于 2.2m，下部设高度不低于 20cm 的支垫；大型构件一般以 2 层为宜，不应超过 3 层，构件各层之间应用垫木隔开；金属、木材及构配件等的底部应按规定垫高，避免与酸碱等易腐蚀性物质接触；板材及木材应选择干燥、平坦、坚实的场地堆放，并配备灭火器材。

图 3.4-22　钢构件堆放　　　　　　　　图 3.4-23　钢管堆放

5. 值班室

施工现场内设置值班室，用于现场值班人员办公使用，面积不应小于 15m²。值班室采用砖砌结构或是彩钢板结构，也可采用改装的移动式集装箱。值班室内严禁住人。

图 3.4-24　工地值班室示例　　　　　　图 3.4-25　工地值班室示例

6. 标养室

图 3.4-26　养护室　　　　　　　　　　图 3.4-27　试块制作室

根据工地建设需求，须在现场设置标养护室，养护室面积不小于 12m²，配备温、湿度自动控制设备及试块支架。标养室至少应分为养护室和试块制作室两个独立空间。

7. 管线布置

图 3.4-28　给水管、排水沟管布设

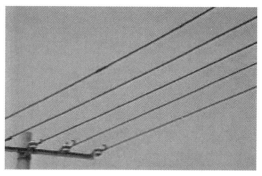

图 3.4-29　电缆架空布设

图 3.4-30　电缆沿围挡布设

图 3.4-31　分配箱内电气设施

图 3.4-32　开关箱内电气设施

图 3.4-33　接地接零保护

（1）供水线路布置：场地内沿围挡铺设给水管，主给水管管径 10～15cm，每 30～50m 需设一个接口。

（2）供电线路布置：施工用电线路从业主指定的受电点引出，线路沿场地围挡内侧架空敷设，对穿越道路或点面地面障碍物地段采用地下埋管通过。根据现场施工生产的具体安排和进度计划，一般每隔 50m 左右布置 1 个主配电柜，现场生产用电从主配电柜接到分配电箱，再从分配电箱接入用电点。现场用电线路均采用"五线三相"电缆，电缆规格必须满足现场用电负荷的需要。

（3）排水系统：排水沟应连续设置，采用砖砌，流水面用水泥砂浆抹面，每隔50～80m设一个沉砂井，排水沟穿越道路时水沟顶部加盖板。排水沟需设置沉淀池，污水经沉淀处理后达到市政污水排放要求后方可排入市政污水管网。

8. 可视化设施（物联网建设）

为了加强现场管理，实现无缝式管理，应相关部门要求，需在每个施工区域安装在线视频监控设备，每个施工区域至少安装一个球形监控摄像机、三个枪形监控摄像机，分别设置于施工现场、工地大门、材料堆放场地和宿舍区，并根据现场实际情况，适当增加相应监控摄像机，且须具备夜视功能。

图 3.4-34　可视化系统前端

图 3.4-35　可视化系统终端

9. 钢筋加工棚

图 3.4-36　标准钢筋加工棚

图 3.4-37　加工棚内的钢筋加工大样图

图 3.4-38　重叠式钢筋加工棚示例

图 3.4-39　活动式钢筋加工棚示例

施工现场的钢筋加工宜在钢筋棚内进行。钢筋加工棚面积不宜小于 $100m^2$，以满足生产需要为宜。场地条件受限时，可采用重叠式加工棚或活动式遮阳棚。加工棚内应悬挂各号钢筋的大样设计图，标明尺寸、部位，确保下料及加工准确。机械设备应悬挂机械、设备安全操作规程和机械、设备标示牌。

10. 泥浆池（箱）

泥浆池周边保持整洁，池边护栏应设有铁丝网。

图 3.4-40 泥浆箱外观

图 3.4-41 泥浆池内部

11. 辅助用房

图 3.4-42 工具房示例

图 3.4-43 材料器具分类摆放

图 3.4-44 应急仓库示例

图 3.4-45 易燃易爆物品仓库示例

（1）库房、工具房原则采用金属岩棉夹芯板或砖砌结构，亦可采用改装的移动式集装箱。库房应防水、防潮。材料、工具分类摆放，可设支架分层摆放。

（2）乙炔、氧气设专用库房，设置"严禁烟火"等警示牌，通风良好。

（3）施工现场应根据批准的应急预案，设置独立的应急仓库，备齐所需的应急物资。应急仓库悬挂"应急材料"牌和标识牌。

12. 辅助设施

施工现场辅助设施主要包括安全讲评台、茶水亭、消防设施台、厕所等，结构形式不受限制，主要用于满足作业人员日常活动和休息所用。

（1）安全讲评台宜设置在工地现场醒目位置或作业人员出入现场主要通道处。安全讲评台应有必要的安全提示、安全戒律、危险源揭示等内容。

图 3.4-46　标准的安全讲评台

图 3.4-47　简易的安全讲评台

（2）茶水亭一般设置在距离作业区较远处，采用夹芯板搭建而成。现场条件受限时，可适当调整，但应远离危险源。茶水亭内应配备热水装置一套，桌椅若干，通风良好。

图 3.4-48　茶水亭示例

图 3.4-49　茶水亭示例

（3）消防设施台一般作为现场消防设施的主要存放点，兼作展示消防器具之用。消防设施至少应包括消防斧、消防桶、消防铲、灭火器等。

（4）厕所一般情况下采用集装箱改装或夹芯板搭建而成，条件受限时可采用流动型厕所。给水排水应满足文明施工要求。

图 3.4-50 消防设施台示例一

图 3.4-51 消防设施台示例二

图 3.4-52 厕所示例（夹芯板搭建）

图 3.4-53 厕所示例（砖砌）

图 3.4-54 厕所示例（集装箱改装）

图 3.4-55 厕所示例（流动型）

3.4.3 标示标牌

在现场醒目位置及施工作业区，为了加强安全警示及提示，需要设置安全标识标牌。标识标牌大小以 30cm×40cm 为宜。

图 3.4-56 安全标识牌示例一　　　　　图 3.4-57 安全标识牌示例二

3.4.4 坑洞、临边防护

"四口"应设置用黄黑或红白警示色的临时钢管防护栏杆,高度不低于 1.2m,预留洞口也可以用盖板封闭好。

"五临边"封闭设施应标准规范,基坑防护栏采用钢管焊接栏杆并设置密闭防护网或采用工厂加工围栏网。防护栏杆警示色标清晰,并设置安全警示牌或文字提示牌。基坑临边需设置挡水墙,墙高出硬化地面 20~50cm,可采用砖砌或 C15 以上混凝土现浇。基坑护栏总高度不低于 1.2m。

图 3.4-58 预留洞口防护示例　　　　　图 3.4-59 预留洞口防护示例

图 3.4-60 基坑临边防护示例　　　　　图 3.4-61 基坑临边防护示例

3.4.5　基坑进出通道

图 3.4-62　进出通道（梯笼）

图 3.4-63　进出通道（楼梯）

为方便作业人员进出基坑，深基坑施工时必须设置进出通道。进出通道设置方式主要有两种：梯笼及楼梯，钢爬梯作为应急通道，一般采用钢构件加工制作而成，可组合使用或单独使用。进出通道的设置必须满足方便作业人员进出基坑、坚固耐用、防护得当的要求。

为方便统计人员进出情况，通道口应设置电子门禁或翻牌栏，以供及时查看基坑内作业人员。

图 3.4-64　电子门禁示例

图 3.4-65　基坑翻牌栏

3.4.6 深基坑水平通道

水平通道的设置，一般是为了方便作业人员跨基坑作业时横穿基坑。水平通道一般设置在基坑支撑梁上，根据现场需要，一般间隔 60～80m 设置一道，通道两侧必须按照深基坑临边防护的标准进行防护。

图 3.4-66　水平通道示例

3.5　盾构工程施工现场建设

3.5.1　现场布置

盾构施工现场布设，常常受车站主体或出入口建设的影响，布置应动态、合理，以满足盾构施工需要。

1. 龙门吊

盾构施工时，对于进出基坑的材料、物资一般使用龙门吊进行转运。龙门吊的选型应以现场实际需要为依据，但龙门吊使用时应满足下列基本要求：

（1）龙门吊构配件进场时要进行检查，防止构配件的损坏和缺失；

（2）对于起重重量超过 30t 的龙门吊，安拆方案需进行专家论证；

（3）龙门吊安装和拆除前需要在市质安监总站进行告知，安装和拆除单位的资质要符合要求；

（4）龙门吊安装完成后必须请有检测资质的单位进行检测，出具检测报告，并在市质安监总站办理使用登记；

（5）使用过程中，要进行维护和保养并留下记录，维保单位资质要符合要求；

（6）轨道及轨道基础必须符合承载力要求，轨道基础需经设计和验算；

（7）操作、指挥人员必须持有主管部门颁发的特种作业上岗证书；

（8）龙门吊轨行区必须有有效的隔离措施。

图 3.5-1　龙门吊及轨行区隔离措施

图 3.5-2　龙门吊使用登机牌

图 3.5-3　龙门吊轨道及隔离栏

图 3.5-4　龙门吊钢筋混凝土轨道基础

2. 集土坑

集土坑为贮存盾构日掘进的土方量以及为零散土方集中外运的临时堆积场所，应满足下列基本要求：

（1）集土坑大小应以满足贮存盾构施工 2d 掘进的土方量为宜；

（2）必须设置污水收集系统，并与排水沟、沉淀池等衔接；

（3）集土坑结构满足牢固、耐用要求，宜采用钢筋混凝土结构；

（4）集土坑内设置土箱翻架，便于土方倾卸。

图 3.5-5　集土坑示例

图 3.5-6　集土坑示例

图 3.5-7　集土坑土箱翻架示例

3. 管片堆场

管片堆场应满足下列要求：

（1）场地大小依据每日使用管片数量而定，一般取 2 倍日使用量；

（2）堆场场地地面应进行混凝土硬化，厚度不低于 20cm，混凝土强度等级不低于 C20；

（3）管片堆放基座宜使用软性基座，如使用刚性基座时基座上部应设橡胶垫片；基座应稳固，不能随意移动；

（4）堆场周边应有良好的排水设施。管片应进行覆盖。

图 3.5-8　管片堆场基座示例

图 3.5-9　管片堆放示例

4. 防水加工车间

现场进行管片防水加工制作时，为保证不间断施工，应设置防水加工车间。防水加工车间应满足下列要求：

（1）因防水材料具有刺激性气味，防水加工车间应通风良好；

（2）现场条件受限时，可使用移动式加工棚。

图 3.5-10　管片防水加工棚

5.周转材料及原材料堆场

根据施工需要，现场所使用的周转材料（不倒班、钢轨、盾构油脂等）及原材料（主要是拌浆材料，如膨润土、砂等）必须设置材料堆场。堆场的设置应满足下列要求：

（1）堆场场地必须进行混凝土硬化，周边有良好的排水设施；

（2）材料应分区堆放，有防雨措施，堆放高度应满足安全要求。

图 3.5-11　走道板堆场

图 3.5-12　盾构油脂堆场

图 3.5-13　钢轨堆场

图 3.5-14　膨润土仓库

6. 拌浆系统

图 3.5-15 强制式浆液搅拌机

图 3.5-16 搅拌机进行封闭

7. 充电间

图 3.5-17 充电间示例

图 3.5-18 充电间示例

8. 风、水、电现场布置

（1）盾构通风

① 风机的选择应以满足保证足够供应掘进面新鲜空气、改善掘进面及隧道内作业环境为原则；如隧道掘进距离过长，可安装接力风机来保证隧道内的施工环境；

② 风机安装位置应选在通风阴凉处；风机支架应稳固结实，避免运行中振动，风机出口处设置加强型柔性管与风管相连接，风机与柔性管结合处应多道绑扎，减少漏风；通风机前后 5m 范围内不得堆放杂物，通风机进气口应设铁丝护网，并装有保险装置；

③ 隧道风管采用悬挂布置，即采用钢丝绳将风管悬挂于隧道右侧，保证隧道机车的顺利安全通行；风管挂设应做到平、直、无扭曲和褶皱。

图 3.5-19 隧道通风机安装

图 3.5-20 隧道内风管布设

（2）盾构用水

① 供水管路的接入。从供水管引水至施工现场，并安装相应的水表，施工时根据施工场地布置及用水需要通过接水点用 Φ100 水管引两个接水口，一路作为地面生活与施工用水，Φ100 水管沿场地内围蔽四周布置，再用 Φ50 水管引至需水处；另一路通过 Φ80 水管引至盾构隧道内，途中每 50m 安装一个带阀门的接水口。

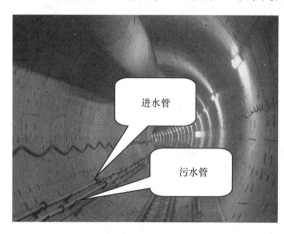

图 3.5-21　隧道供水排水

② 隧道内应至少布设一条排水管路，管径不低于 100mm，用于隧道内施工污水、应急性排水；排水管路应接入施工场地内的排水系统；

③ 供水管路及用水设施符合国家及杭州市关于水力安装、使用、维修的有关规定。

（3）盾构用电

① 盾构机用电为一级负荷，需两路电源，一个主供回路，一个备供回路；

② 电缆由高压配电室接到施工现场，过路应提前在公路下面预埋穿电缆用的管道，应尽快预埋好电缆穿梭管道；在公路下埋管道，可能会对道路交通造成一定影响，预埋期间应在公路两端设警示牌，让往来车辆暂时绕行；

③ 做好前期准备工作，建立健全安全用电措施以及用电管理制度，做好用电事故防范准备工作，准备充足的应急物资；

④ 电缆挂钩安装在管片连接的螺栓上，电缆挂钩固定在螺栓上必须将螺帽拧紧，电缆挂钩安装后必须牢固，无安全隐患，每隔 4m 设 1 个挂钩，挂钩应做绝缘处理。

⑤ 低压电缆电线有专制的五线照明支架进行悬挂，电缆支架的安装应该在盾构机整机刚进洞开始安装；各电线与电线之间必须保持 150mm 的挡距。每隔 10m 设 1 个支架；

⑥ 低压电缆延伸必须符合低压电的安装要求，从隧道口开始，每 100m 设置配电箱 1 个，作为照明线路的分开关和隧道内用电设备的电源开关；

⑦ 隧道内照明采用防潮型日光灯，每隔 10m 设置 1 盏，每盏 100W。

图 3.5-22　高压配电室

图 3.5-23　电缆过路提示

图 3.5-24 隧道低压电缆布设

图 3.5-25 隧道内照明

9. 走道板

为方便作业人员进出隧道，隧道内应设置人行走道板。

（1）走道板的宽度及扶手高度应根据现场条件确定，对于直径为 6340mm 的小松盾构，宽度不应小于 40cm，扶手高度不应小于 100cm。

（2）为方便安拆，走道板及扶手一般采用定型加工的成品。

图 3.5-26 隧道内走道板

图 3.5-27 走道板局部

3.5.2 标识标牌

隧道内应设置安全标识标牌。在条件允许的情况下，标志牌做成灯箱形式的，以便更好地起到警示和提醒作用。

图 3.5-28 安全标识牌示例一

图 3.5-29 安全标识牌示例二

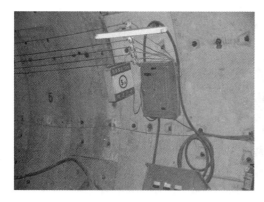

图 3.5-30　安全标识牌示例三

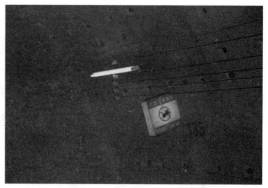

图 3.5-31　安全标识牌示例四

3.5.3　消防设施

盾构隧道内的消防设施配备主要以灭火器为主。

（1）成型隧道内按照每 50m 配备 1 只 4kg AB 型灭火器进行设置。

（2）盾构机司机室至少配备 1 组 4kg AB 型灭火器。

（3）灭火器应定期进行检查，并留下检查记录。

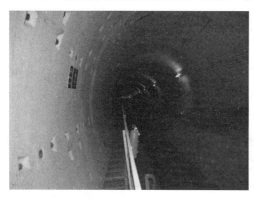

图 3.5-32　成型隧道灭火器配置

图 3.5-33　灭火器放置方法

3.5.4　应急设施

隧道应急设施主要包括应急照明设施和应急疏散设施。

图 3.5-34　应急疏散标志

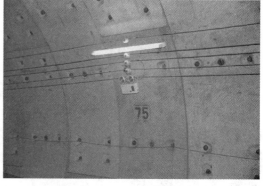

图 3.5-35　应急照明设施

3.6 施工扬尘及噪声控制

3.6.1 施工扬尘控制

1. 施工扬尘控制目标

施工现场目测 1m 及以上范围内无明显扬尘。

2. 施工扬尘的来源

施工现场易产生扬尘污染的物料主要有：水泥、砂石、粉煤灰、膨润土、建筑垃圾、工程渣土等。

3. 施工扬尘的控制措施

建设工地施工过程中，要做到"六必须、六不准"，即必须打围作业、必须硬化道路、必须设置冲洗设施、必须湿法作业、必须配齐保洁人员、必须定时清扫施工现场；不准车辆带泥出门、不准高空抛撒建渣、不准现场搅拌混凝土、不准场地积水、不准现场焚烧废弃物、不准现场堆放未覆盖的裸土。确保施工现场扬尘污染总体受控。

对涉及扬尘问题的作业班组进行专项防止扬尘交底，将扬尘防止工作具体落实到操作层，并建立奖罚制度以推动施工扬尘污染控制过程。项目部与作业班组签订扬尘治理目标责任书，对扬尘治理工作进行目标化管理。

（1）施工区域的围挡封闭

根据规划红线范围，设置高度不低于 2m 的围墙，确保整个施工区域与外界充分隔离。在施工大门口设置冲洗设备、沉淀池及排水沟。施工运输车辆、挖掘机械等驶出工地前必须清除泥土作防尘处理，严禁将泥土、尘土带出工地。

图 3.6-1 施工围挡

图 3.6-2 车辆冲洗（左图为人工冲洗、右图为自动冲洗）

（2）施工场地的硬化处理

施工现场按平面布置要求做好主要道路、材料堆场、生活办公区域铺设混凝土路面工作，实行场地的硬化或绿化处理，确保无一处露土现象，以达到防尘控制要求。

图 3.6-3　施工便道硬化

图 3.6-4　材料堆场硬化

图 3.6-5　生活办公区场地道路硬化

图 3.6-6　办公区绿化

（3）道路清扫扬尘污染的控制

安排保洁人员 2 名每日对施工现场的道路进行 1～2 次的清扫，清扫前对路面进行洒水。天气干燥或风力较大时，增加洒水频次，以保持路面的湿润。

图 3.6-7　施工便道清理

图 3.6-8　冲洗便道

图 3.6-9　洒水车洒水降尘　　　　　图 3.6-10　轻便型洒水车洒水降尘

（4）建筑材料扬尘污染的控制

砂石设置专用池槽进行堆放，控制进料数量，做到随到随用，不大量囤积。

图 3.6-11　施工现场砂石料仓

水泥及粉煤灰应采用专用存储罐进行存放，存储罐下部须进行围蔽；施工用膨润土应设置专用仓库进行存放。

图 2-6-12　水泥、粉煤灰储藏　　　　　图 3.6-13　膨润土储藏

同时，对搅拌机设置全封闭外包，防止施工扬尘。

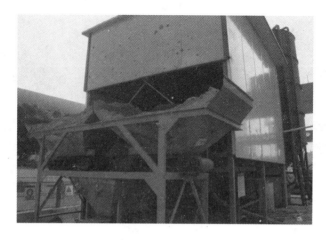

图 3.6-14　全封闭浆液搅拌机

（5）运输车辆扬尘污染的控制

运输建筑材料、垃圾和泥土等的车辆，在驶出建设施工现场之前，要加强防尘冲洗、遮蔽、清洁等工作，防止建筑垃圾、泥土的散落，污染道路和周边环境。

图 3.6-15　全封闭土方运输车

图 3.6-16　车辆自动冲洗

冲洗车辆产生的泥浆水应通过二级沉淀达到排放标准后，方可排入城市公共管网。沉淀池派专人定期进行清理，一般为 2～3d 清理一次。

图 3.6-17　三级沉淀池

（6）土方扬尘控制

施工现场尽量不要堆积土方，如无法避免，则可以通过以下方式进行处理，防止土方扬尘。

① 对裸露的土方进行全覆盖，防止扬尘。

图 3.6-18　土方全覆盖

② 对裸露的土方表面喷洒扬尘抑制剂，使土方表面固结，防止扬尘。

图 3.6-19　喷洒抑尘剂的土方表面

③ 对裸露土方采取经常性洒水降尘。

图 3.6-20　洒水降尘

（7）生活垃圾扬尘污染的控制

生活垃圾安排专人进行收集、清理，按指定地点与建筑垃圾分开堆放，并进行密闭遮挡。生活垃圾应由环卫部门及时清运出场。

禁止在现场焚烧建筑垃圾、废弃木料、塑料品和热熔沥青，以防止对大气的污染。

图 3.6-21　垃圾分类处理

3.6.2　噪声控制

同水体污染、大气污染和固体废物污染不同，噪声污染是一种物理性污染，它的特点是局部性和没有后效的。噪声在环境中只是造成空气物理性质的暂时变化，噪声源的声输出停止之后，污染立即消失，不留下任何残余物质。

1. 噪声控制的目标

（1）施工噪声污染控制达标。

（2）无市民或社区的重大投诉。

（3）上级部门检查达标。

（4）创建施工噪声污染控制示范工地。

2. 施工现场主要噪声源

建筑工程施工噪声源主要来自：

（1）机械性噪声：即由机械的撞击、摩擦、敲打、切削、转动等产生的噪声。如风钻、风镐、混凝土搅拌机、混凝土振动器；木材、石材加工机械（如圆锯、平刨、切割机、打磨机）；金属加工的机床；钢模板及钢窗校平等产生的噪声。

（2）空气动力噪声：如通风机、空气压缩机、风镐等产生的噪声。

（3）电磁性噪声：如发电机、变压器等产生的噪声。

（4）爆炸性噪声：如放炮作业过程中产生的噪声。

（5）交通运输和起重搬运噪声：如机动车辆运行、起重机械起重、搬运机械的搬运及其他非机动车辆和机械作业活动产生的噪声。

（6）其他噪声：除上述性质的噪声之外的噪声。

3. 噪声防治的主要方法

噪声的防治主要是控制声源和声的传播途径，以及对接收者进行保护。

（1）声源控制

运转的机械设备和运输工具等是主要的噪声源,控制它们的噪声有两条途径:一是改进结构,提高其中部件的加工精度和装配质量,采用合理的操作方法等,以降低声源的噪声发射功率;二是利用声的吸收、反射、干涉等特性,采用吸声、隔声、减振、隔振等技术,以及安装消声器等,以控制声源的噪声辐射。

(2)传声途径的控制

① 声在传播中的能量是随着距离的增加而衰减的,因此使噪声源远离需要安静的地方,可以达到降噪的目的。

② 声的辐射一般有指向性,处在与声源距离相同而方向不同的地方,接收到的声强度也就不同。不过多数声源以低频辐射噪声时,指向性很差;随着频率的增加,指向性增强。因此,控制噪声的传播方向(包括改变声源的发射方向)是降低噪声尤其是高频噪声的有效措施。

③ 建立隔声屏障,或利用天然屏障(土坡、山丘),以及利用其他隔声材料和隔声结构来阻挡噪声的传播。

④ 应用吸声材料和吸声结构,将传播中的噪声声能转变为热能等。

⑤ 在城市建设中,采用合理的城市防噪声规划。此外,对于固体振动产生的噪声采取隔振措施,以减弱噪声的传播。

(3)接收者的防护

为了防止噪声对人的危害,可采取下述防护措施:

① 佩戴护耳器,如耳塞、耳罩、防声盔等。

② 减少在噪声环境中的暴露时间。

③ 根据听力检测结果,适当调整在噪声环境中的工作人员。

4.施工现场噪声主要控制措施

(1)严格控制机械性噪声

① 控制风钻、风镐的使用噪声。严禁夜间使用风钻、风镐;昼间使用也应注意与居民区、文教机关等社区的距离,居民、师生等方面人员休息时,必须停止施工。在施工过程中,尽量控制噪声的音量和音波的扩散。

② 控制混凝土搅拌机、混凝土振动机的使用噪声。混凝土和砂浆的搅拌应尽量使用商品混凝土和商品砂浆,减少混凝土和砂浆搅拌机和振动机的噪声产生。必须少量使用自拌混凝土和砂浆时,混凝土和砂浆搅拌机的设置应尽可能地远离厂界外的居民区、文教机关等社区。如果,因场地狭小,且有毗邻居民、文教机关等社区,应对混凝土和砂浆机采取封闭、遮盖的控制噪声的措施。

③ 控制木材、石材加工机械的使用噪声。科学、合理地布置临时设施的区划,将木材、石材加工机械场所设置在距离居民区、文教机关等社区较远的地点。木工间、石工间周围应设置围挡,封闭噪声外逸的途径和缝隙。尽可能采用噪声较低的木材、石材加工机械。提高工厂化、预制化施工水平,尽量采取外部加工的木制品、石制品的半成品,进入施工现场组装。

④ 控制钢模板的搬运、制、拆模和钢窗校平安装过程中的噪声。钢模板使用时,应采取轻拿轻放方法,严禁随意抛摔,降低噪声。制、拆模应尽量在昼间施工,严禁夜间作业。钢窗校平时,应注意在相对封闭的地点内进行,不准任意摔扔,安装时,要求安静取

放；不得随意搬运、抛扔，不准任意敲打找平。

（2）严格控制空气动力性噪声

① 控制通风机、空气压缩机等使用噪声。通风机、空气压缩机置放的位置必须远离居民区、文教机关等社区。有条件的项目，应设置独立、封闭的地点安放上述机械。尽量利用昼间施工，避免夜间操作扰民。

② 控制空气锤打桩机、电锤打桩机等的使用噪声。

（3）控制电磁性噪声

① 控制发电机的使用噪声。施工现场如果需要使用发电机时，应安排在距离居民区、文教机关等社区较远的地点；搭设发电机的封闭式围棚，降低噪声的散逸。

② 控制变压器的使用噪声。尽量采用标准变压器；置放在远离社区的偏僻的位置；如果系独立的单放变压器，还应加盖围棚。

（4）控制爆炸性噪声

如果施工现场需要进行爆炸作业，应该按照规定，做好社区居民的教育宣传工作，告知居民采取适当的回避、遮挡、封闭措施，减少噪声的危害；必要时，安排居民暂时疏散，避免爆炸性噪声的损害。

（5）控制交通运输和起重搬运噪声

① 控制交通运输过程中的噪声。对于施工现场的厂界内的交通运输的噪声污染控制，应给予高度重视；合理、科学、有效地安排机动车辆的运输作业，确定避免噪声的运输时间、路线和场所；尽量安排昼间车辆作业，减少夜间作业；必须夜间作业的，应采取措施，降低噪声扰民；车辆作业时，严禁鸣放喇叭，高声喧哗，任意抛扔物资产生各种杂音，妨碍居民夜间睡眠休息。

② 控制起重搬运工程中的噪声。正确、合理、简便地安排起重搬运作业；教育员工尽量降低起重搬运工程中产生扰民的噪声；特别是夜间作业，禁止大声喧哗，乱扔乱抛；避免对社区居民的干扰影响。

（6）严格控制其他噪声

施工现场除了上述五种性质的噪声外，还会由于各种因素产生出其他性质的噪声，如人的叫嚷、喧哗；音乐器材大音量的播放；食堂生活用具和设施使用不当产生的声响等。因此，也应该根据实际情况采取必要的对策措施，逐项加以处理解决，把其他性质的噪声控制在可控范围之内。

3.7 和谐（社区）共建

3.7.1 指导思想

紧紧围绕"重创新促发展，重民生促和谐"的中心思想，切实做好工程建设周边居民的工作，项目部应切实有效地开展社区共建工作，积极走进工程周边社区，为社区办实事，帮扶社区困难群众解难事，增进项目部与居民群众的感情，全面促进工程建设。

3.7.2 工作机构的设立及职责

地铁工程项目一般成立以项目书记为负责人的项目部社区共建工作领导小组，由项目部社区共建工作领导小组组织开展社区共建工作。

主要职责：

（1）负责组织和策划项目部社区共建工作。

（2）积极与周边社区联系，确定共建目标。

（3）积极开展共建活动，保障工程项目顺利实施。

3.7.3 结对共建目标

建立和健全社区共建联席会议，形成与周边社区共建工作的新格局，项目部与社区落实结对，通过结对与社区形成共赢局面。

3.7.4 共建工作措施

（1）组建项目部社区共建工作小组，建立共建工作机制，专人负责日常共建事务。

（2）积极开展"民主促民生"结对共建活动。结对共建双方要建立联系制度，加强联系，沟通信息，定期交流，建立良性的双向互动机制。充分发挥社区共建优势，向社区居民宣传市政基础工程建设给市民带来的便利，让居民群众更好地支持市政工程建设。

（3）积极开展为困难家庭、残疾人家庭等弱势群体的排忧解难活动，多渠道、多方面的为他们送温暖。开展便民、利民活动，想办法为退休人员和老年人设计载体，创造条件，为他们提供更多的服务。

3.8 文明施工管理台账

地铁工程文明施工管理，必须严格执行市府令 278 号《杭州市建设工程文明施工管理规定》的规定，落实好施工现场的扬尘控制、污水排放、噪声扰民及光污染等文明施工的相关规定，体现关爱民工兄弟的各项举措、达到保护环境、和谐共建的目的。

3.8.1 文明施工管理制度（台账一）

（1）内容

① 文明施工法律法规及文件规定汇编；

② 施工企业、项目部文明施工管理网络体系；

③ 项目安全生产措施费用使用计划（预算表）；

④ 项目安全生产措施费用投入统计表；

⑤ 文明施工专项方案；

⑥ 文明施工交底学习台账。

（2）说明

文明施工专项方案应根据项目实施阶段编写，体现交改阶段、基础施工阶段、主体施工阶段、完工（装饰装修）阶段的治理重点。

3.8.2 临时设施检查验收（台账二）

（1）内容

① 临时设施专项施工方案；

② 临时设施验收表（记录）：围挡美化、门卫室、五小设施、民工学校、标识标线等；

③ 和谐共建活动记录；

④ 物联网建设及设备验收。

（2）说明

依据杭建工发（2011）394 号文件《杭州市建设工地临时用房及围挡安全管理办法》、市府令 278 号《杭州市建设工程文明施工管理规定》等检查验收。

3.8.3　施工现场文明施工检查验收（台账三）

（1）内容

① 扬尘控制检查表（记录）；

② 噪声控制检查表（记录）；

③ 光污染检查表（记录）；

④ 排水管理检查（记录）；

⑤ 夜间施工许可登记（记录）；

⑥ 沟槽开挖（管线迁改）审批表（记录）；

⑦ 冲洗设施、材料堆放检查记录。

（2）说明

依据市府令 278 号《杭州市建设工程文明施工管理规定》等检查验收。

附录1 法律法规、规范、规程及相关文件(节选)

1.1 国家及部门法律法规

1.1.1 综合类

(1)《中华人民共和国建筑法》(主席令第 46 号 2011 年 7 月 1 日)

(2)《中华人民共和国安全生产法》(主席令第 13 号 2014 年 8 月 31 日)

(3)《建设工程安全生产管理条例》(国务院令第 393 号 2003 年 11 月 12 日)

(4)《中华人民共和国刑法修正案(六)》(主席令第 51 号 2006 年 6 月 29 日)

(5)《建筑业安全卫生公约》(第 167 号公约 2001 年 10 月 27 日)

1.1.2 安全管理类

(1)《关于进一步加强安全生产工作的决定》(建质〔2004〕47 号)

(2)关于印发《建筑工程五方责任主体项目负责人质量终身责任追究暂行办法》的通知(建质〔2014〕124 号)

(3)《关于开展建筑施工安全质量标准化工作的指导意见》(建质〔2005〕232 号)

(4)《关于落实建设工程安全生产监理责任的若干意见》(建市〔2006〕248 号)

(5)《关于加强重大工程安全质量保障措施的通知》(发改投资〔2009〕3183 号)

(6)《城市轨道交通工程安全质量管理暂行办法》(建质〔2010〕5 号)

(7)《国务院关于进一步加强企业安全生产工作的通知》(国发〔2010〕23 号)

1.1.3 安全技术类

(1)《实施工程建设强制性标准监督规定》(建设部令第 81 号 2000 年 8 月 21 日)

(2)《建筑工程预防高处坠落事故若干规定、建筑工程预防坍塌事故若干规定》(建质〔2003〕82 号)

(3)《建设事业"十一五"推广应用和限制禁止使用技术(第一批)》(建设部公告第 659 号 2007 年 6 月 14 日)

(4)《危险性较大的分部分项工程安全管理办法》(建质〔2009〕87 号)

(5)《建设工程高大模板支撑系统施工安全监督管理导则》(建质〔2009〕254 号)

1.1.4 安全生产许可证、三类人员及特种作业人员类

(1)《安全生产许可证条例》(国务院令第 397 号 2004 年 1 月 7 日)

(2)《建筑施工企业安全生产许可证管理规定》(建设部令第 128 号 2004 年 6 月 29 日)

(3)《建筑施工企业安全生产许可证动态监管暂行办法》(建质〔2008〕121 号)

(4)《建筑施工企业主要负责人、项目负责人和专职安全生产管理人员安全生产考核管理暂行规定》(建质〔2004〕59 号)

（5）《建筑施工企业安全生产管理机构设置及专职安全生产管理人员配备办法》（建质〔2008〕91号）

（6）《建筑施工特种作业人员管理规定》（建质〔2008〕75号）

（7）《特种作业人员安全技术培训考核管理规定》（安监总局第30号令2010年5月24日）

1.1.5 建筑起重机械类

（1）《特种设备安全监察条例》（国务院令第373号2009年1月14日修改）

（2）《建筑起重机械安全监督管理规定》（建设部令第166号2008年1月8日）

（3）《建筑起重机械备案登记办法》（建质〔2008〕76号）

1.1.6 消防类

（1）《中华人民共和国消防法》（主席令第6号2008年10月28日修订）

（2）《建设工程消防监督管理规定》（公安部令第106号2009年4月30日）

（3）《消防监督检查规定》（公安部令第107号2009年4月30日）

（4）《火灾事故调查规定》（公安部令第108号2009年4月30日）

1.1.7 环境保护类

（1）《中华人民共和国环境保护行政处罚办法》（国家环境保护总局令第7号1999年7月8日）

（2）《中华人民共和国固体废物污染环境防治法》（主席令第31号2004年12月29日修订）

（3）《中华人民共和国水污染防治法》（主席令第87号2008年2月28日修订）

（4）《绿色施工导则》（建质〔2007〕223号）

1.1.8 安全培训类

（1）《生产经营单位安全培训规定》（国家安全生产监督管理总局令第3号2005年12月28日）

1.1.9 安全费用类

（1）《建筑工程安全防护、文明施工措施费用及使用管理规定》（建办〔2005〕89号）

（2）《企业安全生产风险抵押金管理暂行办法》（财建〔2006〕369号）

（3）《高危行业企业安全生产费用财务管理暂行办法》（财企〔2006〕478号）

1.1.10 劳动保护及职业健康类

（1）《中华人民共和国劳动法》（主席令第28号1994年7月5日）

（2）《中华人民共和国工会法》（主席令第57号2001年10月27日修正）

（3）《工伤保险条例》（国务院令第375号2003年4月16日）

（4）《中华人民共和国劳动合同法》（主席令第65号2007年6月29日）

（5）《中华人民共和国劳动合同法实施条例》（国务院令第535号2008年9月3日）

（6）《中华人民共和国食品安全法》（主席令第9号2009年2月28日）

（7）《中华人民共和国食品安全法实施条例》（国务院令第557号2009年7月8日）

（8）《中华人民共和国职业病防治法》（主席令第60号2001年10月27日）

（9）《职业病危害事故调查处理办法》（卫生部令第25号2002年3月15日）

（10）《作业场所职业健康监督管理暂行规定》（国家安全生产监督管理总局令第23号

2009 年 6 月 15 日)

(11)《作业场所职业危害申报管理办法》（国家安全生产监督管理总局令第 27 号
2009 年 8 月 24 日）

(12)《劳动防护用品监督管理规定》（国家安全生产监督管理总局令第 1 号 2005 年 7
月 8 日）

(13)《建筑施工人员个人劳动保护用品使用管理暂行规定》（建质〔2007〕255 号）

1.1.11　生产安全事故类

(1)《生产安全事故报告和调查处理条例》（国务院令第 493 号 2007 年 3 月 28 日）

(2)《生产安全事故报告和调查处理条例罚款处罚暂行规定》（国家安全生产监督管理
总局令第 13 号 2007 年 7 月 3 日）

(3)《安全生产事故隐患排查治理暂行规定》（国家安全生产监督管理总局令第 16 号
2007 年 12 月 22 日）

(4)《生产安全事故应急预案管理办法》（国家安全生产监督管理总局令第 17 号 2009
年 3 月 20 日）

(5)《生产安全事故信息报告和处置办法》（国家安全生产监督管理总局令第 21 号
2009 年 5 月 27 日）

(6)《关于进一步规范房屋建筑和市政工程生产安全事故报告和调查处理工作的若干
意见》（建质〔2007〕257 号）

(7)《关于特大安全事故行政责任追究的规定》（国务院令第 302 号 2001 年 4 月 21 日）

1.1.12　突发事件类

(1)《中华人民共和国突发事件应对法》（主席令第 69 号 2007 年 8 月 30 日）

(2)《突发事件应急演练指南》（应急办函〔2009〕62 号）

1.1.13　安全生产行政复议及处罚类

(1)《安全生产行政复议规定》（国家安全生产监督管理总局令第 14 号 2007 年 9 月
25 日）

(2)《安全生产违法行为行政处罚办法》（国家安全生产监督管理总局令第 15 号 2007
年 11 月 9 日）

1.2　标准、规范、规程

1.2.1　有关标准

(1)《施工企业安全生产评价标准》JGJ/T 77—2010

(2)《建筑施工安全检查标准》JGJ 59—2011

(3)《建设工程施工现场环境与卫生标准》JGJ 146—2013

(4)《企业职工伤亡事故分类》GB 6441—1986

(5)《企业安全生产标准化基本规范》AQ/T 9006—2010

(6)《城市轨道交通工程质量安全检查指南（试行）》

1.2.2　土石方及基坑支护

(1)《建筑施工土石方工程安全技术规范》JGJ 180—2009

（2）《岩土锚杆与喷射混凝土支护工程技术规范》GB 50086—2015

（3）《建筑边坡工程技术规范》GB/T 50330—2013

（4）《建筑基坑工程监测技术规范》GB 50497－2009

（5）《建筑基坑支护技术规程》JGJ 120—2012

1.2.3　施工用电

（1）《用电安全导则》GB/T 13869—2008

（2）《建设工程施工现场供用电安全规范》GB 50194—2014

（3）《施工现场临时用电安全技术规范》JGJ 46—2005

（4）《手持式电动工具的管理、使用、检查和维修安全技术规程》GB/T 3787—2006

（5）《剩余电流动作保护装置安装和运行》GB 13955—2005

1.2.4　高处作业

（1）《建筑施工高处作业安全技术规范》JGJ 80—2016

（2）《建筑外墙清洗维护技术规程》JGJ 168—2009

（3）《油漆与粉刷作业安全规范》AQ 5205—2008

（4）《座板式单人吊具悬吊作业安全技术规范》GB 23525—2009

（5）《高处作业分级》GB/T 3608—2008

1.2.5　脚手架

（1）《建筑施工门式钢管脚手架安全技术规范》JGJ 128—2010

（2）《建筑施工扣件式钢管脚手架安全技术规范》JGJ 130—2011

（3）《建筑施工碗扣式脚手架安全技术规范》JGJ 166—2008

（4）《建筑施工工具式脚手架安全技术规范》JGJ 202—2010

（5）《建筑施工木脚手架安全技术规范》JGJ 164—2008

（6）《液压升降整体脚手架安全技术规程》JGJ 183—2009

（7）《钢管脚手架扣件》GB 15831—2006

1.2.6　模板

（1）《建筑施工模板安全技术规范》JGJ 162—2008

（2）《液压滑动模板施工安全技术规程》JGJ 65—2013

（3）《钢管满堂支架预压技术规程》JGJ/T 194—2009

1.2.7　建筑机械

（1）《起重机械监督检验规程》（国质检锅〔2002〕296）

（2）《施工升降机监督检验规程》（国质检锅〔2002〕121 号）

（3）《施工升降机齿轮锥鼓形渐进式防坠安全器》JG 121—2000

（4）《龙门架及井架物料提升机安全技术规范》JGJ 88—2010

（5）《建筑施工物料提升机安全技术规程》DBJ 14－015—2002

（6）《建筑起重机械安全评估技术规程》JGJ/T 189—2009

（7）《起重机钢丝绳保养、维护、检验和报废》GB/T 5972—2016

（8）《钢丝绳夹》GB/T 5976—2006

（9）《起重机械超载保护装置》GB 12602—2009

（10）《起重吊运指挥信号》GB 5082—1985

（11）《起重机械危险部位与标志》GB 15052—2010

（12）《起重机吊装工和指挥人员的培训》GB/T 23721—2009

（13）《起重机司机（操作员）、吊装工、指挥人员和评审员的资格要求》GB/T 23722—2009

（14）《高处作业吊篮》GB 19155—2003

（15）《建筑机械使用安全技术规程》JGJ 33—2012

（16）《施工现场机械设备检查技术规范》JGJ 160—2016

1.2.8　危险作业

（1）《建筑拆除工程安全技术规范》JGJ 147—2004

（2）《缺氧危险作业安全规程》GB 8958—2006

（3）《焊接与切割安全》GB 9448—1999

（4）《爆破安全规程》GB 6722—2014

（5）《高温作业分级》GB/T 4200—2008

（6）《重大危险源辨识》GB 18218—2009

（7）《常用危险化学品贮存通则》GB 15603—1995

（8）《生产过程危险和有害因素分类与代码》GB/T 13861—2009

1.2.9　安全防护

（1）《安全网》GB 5725—2009

（2）《安全带》GB 6095—2009

（3）《安全带测试方法》GB/T 6096—2009

（4）《安全帽》GB 2811—2007

（5）《安全帽测试方法》GB/T 2812—2006

（6）《建筑施工作业劳动防护用品配备及使用标准》JGJ 184—2009

（7）《坠落防护安全绳》GB 24543—2009

（8）《坠落防护装备安全使用规范》GB/T 23468—2009

（9）《个体防护装备选用规范》GB/T 11651—2008

（10）《建筑施工场界环境噪声排放标准》GB 12523—2011

（11）《安全标志及其使用导则》GB 2894—2008

（12）《安全色》GB 2893—2008

（13）《工作场所职业病危害警示标识》GBZ158—2003

1.2.10　应急预案

《生产经营单位安全生产事故应急预案编制导则》AQ/T 9002—2006

1.2.11　安全技术资料

（1）《建筑施工组织设计规范》GB/T 50502—2009

（2）《建设工程施工现场安全资料管理规程》CECS 266—2009

1.2.12　临时建筑物及垃圾处理

（1）《施工现场临时建筑物技术规范》JGJ/T 188—2009

（2）《建筑垃圾处理技术规范》CJJ 134—2009

附录2 设备操作规程（节选）

2.1 圆盘锯安全操作规程

（1）锯片上方必须安装保险挡板（罩），在锯片后面，距离齿 10～15mm 处，必须安装弧形楔刀，锯片安装在轴上应保持对正轴心。

（2）锯片必须平整，锯齿尖锐，不得连续缺齿 2 个，裂纹长度不得超过 20mm，裂缝末端须冲止裂孔。

（3）被锯木料厚度，以锯片能露出木料 10～20mm 为限，锯齿必须在同一圆周上，夹持锯片的法兰盘的直径应为锯片直径的 1/4。

（4）启动后，须待转速正常后方可进行锯料。锯料时不得将木料左右晃动或高抬，遇木节要缓慢匀速送料。锯料长度应不小于 500mm。接近端头时，应用推棍送料。

（5）如锯线走偏，应逐渐纠正，不得猛扳，以免损坏锯片。

（6）操作人员不得站在面对锯片旋转的离心力方向操作，手臂不得跨越锯片工作。

（7）锯片温度过高时，应用水冷却，直径 600mm 以上的锯片在操作中应喷水冷却。

（8）工作完毕，切断电源锁好电箱门。

2.2 钢筋切断机安全操作规程

（1）接送料的工作台面应和切刀下部保持水平，工作台的长度可根据加工材料长度确定。加工较长的钢筋时，应有专人帮扶，并听从操作人员指挥，不得任意推拉。

（2）启动前，必须检查切刀应无裂纹，刀架螺栓紧固，防护罩牢靠。然后用手转动皮带轮，检查齿轮啮合间隙，调整切刀间隙。

（3）启动后，应先空运转，检查各传动部分及轴承运转正常，方可操作。

（4）机械未达到正常转速时不得切料。切断时必须使用切刀的中、下部位，握紧钢筋对准刀口迅速送入，操作者应站在固定刀片一侧用力压住钢筋，应防止钢筋末端弹出伤人。严禁用两手分别在刀片两边握住钢筋俯身送料。

（5）不得剪切直径及强度超过机械铭牌规定的钢筋和烧红的钢筋。一次切断多根钢筋时，其总截面积应在规定范围内。

（6）剪切低合金钢时，应更换高硬度切刀，剪切直径应符合机械铭牌规定。

（7）切断短料时，靠近刀片的手和刀片之间的距离应保持 150mm 以上，如手握端小于 400mm 时，应用套管或夹具将钢筋短头压住或夹牢。

（8）运转中严禁用手直接消除附近的断头和杂物，钢筋摆动周围和刀口附近非操作人员不得停留。

（9）当发现机械运转不正常、有异常响声或切刀歪斜时，应立即停机检修。维修保养必须停机，切断电源后方可进行。

（10）液压传动式切断机作业前，应检查并确认液压油位及电动机旋转方向是否符合要求。启动后，应空载运转，松开放油阀，排净液压缸体内的空气，方可进行切筋。

（11）手动液压式切断机使用前，应将放油阀按顺时针方向旋紧，切割完毕后，应立即按逆时针方向旋松。作业中，手应持稳切断机，并戴好绝缘手套。

（12）作业后应切断电源，用钢刷消除切刀间的杂物，进行整机清洁润滑。

2.3　钢筋对焊机安全操作规程

（1）焊接操作及配合人员必须按规定穿戴劳动防护用品。并必须采取防止触电、火灾等事故的安全措施。

（2）对焊机应安置在室内，并应有可靠的接地或接零。电焊导线长度不宜大于30m，当需要加长导线时，应相应增加导线的截面。当多台对焊机并列安装时，相互间距不得小于3m，应分别接在不同相位的电网上，并应分别有各自的刀型开关。

（3）焊接现场10m范围内，不得堆放油类、木材、氧气瓶、乙炔瓶等易燃、易爆物品。

（4）作业前，应检查并确认对焊机的压力机构灵活，夹具牢固，气压、液压系统无泄漏，一切正常后，方可施焊。

（5）焊接前，应根据所焊钢筋截面，调整二次电压，不得焊接超过对焊机规定直径的钢筋。

（6）断路器的接触点、电极应定期打磨，二次电路全部连接螺栓应定期紧固。冷却水温度不超过40℃，排水量应根据气温调节。

（7）焊接较长的钢筋时，应设置托架，配合搬运钢筋的操作人员，在焊接时要注意防止火花烫伤。

（8）闪光区应设阻燃的挡板，焊接时其他人员不得入内。

（9）冬季施焊时，室内温度不应低于8℃。作业后，应放尽机内冷却水。

2.4　钢筋弯曲机安全操作规程

（1）工作台和弯曲机台面要保持水平，并准备好各种芯轴及工具。

（2）按加工钢筋的直径和弯曲半径的要求，装好相应规格的芯轴和成型轴、挡铁轴或可变挡架，芯轴直径应为钢筋直径的2.5倍，挡铁轴应有轴套。

（3）挡铁轴的直径和强度不得小于被弯钢筋的直径和强度。不直的钢筋，不得在弯曲机上弯曲。

（4）应检查并确认芯轴、挡铁轴、转盘等无损坏及裂纹，防护罩紧固可靠，经空载运转确认正常后方可作业。

（5）作业时将钢筋需弯的一头插在转盘固定销的间隙内，另一端紧靠机身固定销，并用手压紧，检查机身销子确实安装在挡住钢筋的一侧，方可开动。加工较长的钢筋时，应有专人帮扶，并听从操作人员指挥，不得任意推拉。

（6）作业中，严禁更换芯轴、销子和变换角度以及调整等作业，亦不得加油或清扫。

（7）在弯曲未经冷拉或带有锈皮的钢筋时，应戴防护镜。

（8）弯曲高强度或低合金钢筋时，应按机械铭牌规定换算最大允许直径并调换相应的芯轴。

（9）在弯曲钢筋作业半径内的机身不设固定销的一侧严禁站人。弯曲好的半成品应堆放整齐，弯钩不得朝上。

（10）对超过机械铭牌规定直径的钢筋严禁进行弯曲。

（11）维修保养或转盘换向时，必须在停稳拉闸断电后进行。

（12）作业后应及时清除转盘及插入座孔内的铁锈、杂物等。

2.5　套丝切管机安全操作规程

（1）套丝切管机应安放在稳固的基础上。

（2）作业前应先空载运转，进行检查、调整，确认运转正常后方可作业。

（3）应按加工管径选用板牙头和板牙，板牙应按顺序放入，作业时应先用润滑油润滑板牙。

（4）当工件伸出卡盘端面的长度过长时，后部应加装辅助托架，并调整好高度。

（5）切断作业时，不得在旋转手柄上加长力臂，切平管端时，不得进刀过快。

（6）当加工件的管径或椭圆度较大时，应两次进刀。

（7）作业中应采用刷子清除切屑，不得敲打震落。

（8）作业后应切断电源，锁好电闸箱，并做好日常保养工作。

2.6　钢筋冷挤压连接机安全操作规程

（1）有下列情况之一时，应对挤压机的挤压力进行标定：

① 新挤压设备使用前；

② 旧挤压设备大修后；

③ 油压表受损或强烈振动后；

④ 套筒压痕异常且查不出其他原因时；

⑤ 挤压设备使用超过 1 年；

⑥ 挤压的接头数超过 5000 个。

（2）设备使用前后的拆装过程中，超高压油管两端的接头及压接钳、换向阀的进出油接头，应保持清洁，并及时用专用方法帽封好。超高压油管的弯曲半径不得小于 250mm，扣压接头处不得扭转，且不得有死弯。

（3）挤压机液压系统的高压胶管不得荷重拖拉、弯折和受到尖利物体刻划。

（4）压模、套管与钢筋应相互配套使用，压模上应有相对应的连接钢筋规格标记。

（5）挤压前准备工作：

① 钢筋端头的锈、泥砂、油污等杂物应清理干净；

② 钢筋与套筒应先进行试套，当钢筋有马蹄、弯折或纵肋尺寸过大时，应预先进行矫正或用砂轮打磨；不同直径钢筋的套筒不得串用；

③ 钢筋端部应划出定位标记与检查标记，定位标记与钢筋端头的距离应为套筒长度一半，检查标记与定位标记的距离宜为 20mm；

④ 检查挤压设备情况，应进行试压，符合要求后方可作业。

(6) 挤压操作应符合下列要求：

① 钢筋挤压连接宜先在地面上挤压一端套筒，在施工作业区插入待接钢筋后再挤压另一端套筒；

② 压接钳就位时，应对准套筒压痕位置的标记，并应与钢筋轴线保持垂直；

③ 挤压顺序宜从套筒中部开始，并逐渐向端部挤压；

④ 挤压作业人员不得随意改变挤压力、压接道数或挤压顺序。

(7) 作业后应收拾好成品、套筒和压模，清理场地，切断电源，锁好开关箱，最后装挤压机和挤压钳放到指定地点。

2.7 混凝土泵机安全操作规程

(1) 混凝土泵应安放在平整、坚实的地面上，周围不得有障碍物，在放下支腿并调整后应使机身保持水平和稳定，轮胎应楔紧。有基坑的应与基坑边缘保持一定距离。

(2) 泵送管道的敷设应符合下列要求：

① 水平泵送管道宜直线敷设；

② 垂直泵送管道不得直接装接在泵的输出口上，应在垂直管前端加装长度不小于 20m 的水平管，并在水平管近泵处加装逆止阀；

③ 敷设向下倾斜的管道时，应在输出口上加装一段水平管，其长度不应小于倾斜管高低差的 5 倍，否则应采用弯管等办法，增大阻力。当倾斜度较大时，应在坡度上端装设排气活阀；

④ 泵送管道应有支承固定，在管道和固定物之间应设置木垫作缓冲，不得直接与钢筋或模板相连，管道与管道间应连接牢靠；管道接头和卡箍应扣牢密封，不得漏浆；不得将已磨损管道装在后端高压区；

⑤泵送管道敷设后，应进行耐压试验。

(3) 砂石粒径、水泥标号及配合比应按出厂规定，满足泵机可泵性的要求。

(4) 作业前应检查并确认泵机各部螺栓紧固，防护装置齐全可靠，各部位操纵开关、调整手柄、手轮、控制杆、旋塞等均在正确位置，液压系统正常无泄漏，液压油符合规定，搅拌斗内无杂物，上方的保护格网完好无损并盖严。冷却水供应正常，水箱应储满清水，各润滑点应润滑正常。

(5) 输送管道的管壁厚度应与泵送压力匹配，近泵处应选用优质管子。管道接头、密封圈及弯头等应完好无损。高温烈日下应采用湿麻袋或湿草袋遮盖管路，并应及时浇水降温，寒冷季节应采取保温措施。

(6) 应配备清洗管、清洗用品、接球器及有关装置。无关人员必须离开管道周围。

(7) 启动后，应空载运转，观察各仪表的指示值，检查泵和搅拌装置的运转情况，确认一切正常后，方可作业。泵送前应向料斗加入 10L 清水和 0.3L 的水泥砂浆润滑泵及管道。

（8）泵送作业中，料斗中的混凝土平面应保持在搅拌轴轴线以上。料斗格网上不得堆满混凝土，应控制供料流量，及时清除超粒径的骨料及异物，不得随意移动格网。

（9）当进入料斗的混凝土有离析现象时应停泵，待搅拌均匀后再泵送。当骨料分离严重，料斗内灰浆明显不足时，应剔除部分骨料，另加砂浆重新搅拌。

（10）泵送混凝土应连续作业；当因供料中断被迫暂停时，停机时间不得超过 30min。暂停时间内应每隔 5～10min（冬季 3～5min）作 2～3 个冲程反泵—正泵运动，再次投料泵送前应先将料搅拌。当停泵时间超限时，应排空管道。

（11）垂直向上泵送中断后再次泵送时，应先进行反向推送，使分配阀内混凝土吸回料斗，经搅拌后再正向泵送。

（12）泵机运转时，严禁将手或铁锹伸入料斗或用手抓握分配阀。当需在料斗或分配阀上工作时，应先关闭电动机和消除蓄能器压力。

（13）不得随意调整液压系统压力。当油温超过 70℃时，应停止泵送，但仍应使搅拌叶片和风机运转，待降温后再继续运行。

（14）水箱内应贮满清水，当水质混浊并有较多砂粒时，应及时检查处理。

（15）泵送时，不得开启任何输送管道和液压管道；不得调整、修理正在运转的部件。

（16）作业中，应对泵送设备和管路进行观察，发现隐患应及时处理。对磨损超过规定的管子、卡箍、密封圈等应及时更换。

（17）应防止管道堵塞。泵送混凝土应搅拌均匀，控制好坍落度；在泵送过程中，不得中途停泵。

（18）应随时监视各种仪表和指示灯，发现不正常应及时调整或处理。当出现输送管堵塞时，应进行反泵运转，使混凝土返回料斗；当反泵几次仍不能消除堵塞，应在泵机卸载情况下，拆管排除堵塞。

（19）作业后，应将料斗内和管道内的混凝土全部输出，然后对泵机、料斗、管道等进行冲洗。当用压缩空气冲洗管道时，进气阀不应立即开大，只有当混凝土顺利排出时，方可将进气阀开至最大。在管道出口端前方 10m 内严禁站人，并应用金属网篮等收集冲出的清洗球和砂石粒。对凝固的混凝土，应采用刮刀清除。

（20）作业后，应将两侧活塞转到清洗室位置，并涂上润滑油。各部位操纵开关、调整手柄、手轮、控制杆、旋塞等均应复位。液压系统应卸载。

2.8 混凝土搅拌机安全操作规程

（1）固定式搅拌机应安装在牢固的台座上。当长期固定时，应埋置地脚螺栓；在短期使用时，应在机座上铺设木枕并找平放稳。不准以轮胎代替支撑。

（2）固定式搅拌机的操纵台，应使操作人员能看到各部工作情况。电动搅拌机的操纵台，应垫上橡胶板或干燥木板。

（3）移动式搅拌机的停放位置应选择平整坚实的场地，周围应有良好的排水沟渠。就位后，应放下支腿将机架顶起达到水平位置，使轮胎离地。当使用期较长时，应将轮胎卸下妥善保管，轮轴端部用油布包扎好，并用枕木将机架垫起支杆。

（4）对需设置上料斗地坑的搅拌机，其坑口周围应垫高夯实，应防止地面水流入坑内。上料轨道架的底端支承面应夯实或铺砖，轨道架的后面应采用木料加以支承，应防止作业时轨道变形。

（5）料斗放到最低位置时，在料斗与地面之间，应加一层缓冲垫木。

（6）作业前重点检查项目应符合下列要求：

① 电源电压升降幅度不超过额定值的5%；

② 电动机和电器元件的接线牢固，保护接零或接地电阻符合规定；

③ 各传动机构、工作装置、制动器等均紧固可靠，开式齿轮、皮带轮等均有防护罩；

④ 齿轮箱的油质、油量符合规定。

（7）作业前，应先启动搅拌机空载运转。应确认搅拌筒或叶片旋转方向与筒体上箭头所示方向一致。对反转出料的搅拌机，应使搅拌筒正、反转运转数分钟，并应无冲击抖动现象和异常噪声。

（8）作业前，应进行料斗提升试验，应观察并确认离合器、制动器灵活可靠。

（9）应检查并校正供水系统的指示水量与实际水量的一致性；当误差超过2%时，应检查管路的漏水点，或应校正节流阀。

（10）应检查骨料规格并应与搅拌机性能相符，超出许可范围的不得使用。

（11）搅拌机启动后，应使搅拌筒达到正常转速后进行上料。上料时应及时加水。每次加入的拌合料不得超过搅拌机的额定容量，并应减少物料粘罐现象，加料的次序应为石子—水泥—砂子或砂子—水泥—石子。

（12）进料时，严禁将头或手伸入料斗与机架之间。运转中，严禁用手或工具伸入搅拌筒内扒料、出料。

（13）搅拌机作业中，当料斗升起时，严禁任何人在料斗下停留或通过；当需要在料斗下检修或清理料坑时，应将料斗提升后用铁链或插入插销锁住。

（14）向搅拌筒内加料应在运转中进行，添加新料应先将搅拌筒内原有的混凝土全部卸出后方可进行。

（15）作业中，应观察机械运转情况，当有异常或轴承温升过高等现象时，应停机检查；当需检修时，应将搅拌筒内的混凝土清除干净，然后再进行检修。

（16）加入强制式搅拌机的骨料最大粒径不得超过允许值，并应防止卡料。每次搅拌时，加入搅拌筒的物料不应超过规定的进料容量。

（17）强制式搅拌机的搅拌叶片与搅拌筒底及侧壁的间隙，应经常检查并确认符合规定，当间隙超过标准时，应及时调整。当搅拌叶片磨损超过标准时，应及时修补或更换。

（18）严禁无证操作，严禁操作时擅自离开工作岗位

（19）作业后，应对搅拌机进行全面清理，做好润滑保养，切断电源锁好箱门；当操作人员需进入筒内时，必须应固定好料斗，切断电源或卸下熔断器，锁好开关箱，挂上"禁止合闸"标牌，并应有专人在外监护。

（20）作业后，应将料斗降落到坑底，当需升起时，应用链条或插销扣牢。

（21）冬季作业后，应将水泵、放水开关、量水器中的积水排尽。

（22）搅拌机在场内移动或远距离运输时，应将进料斗提升到上止点，用保险铁链或

插销锁住。

2.9　混凝土插入式振动器安全操作规程

（1）插入式振动器的电动机电源上，应安装漏电保护装置，接地或接零应安全可靠。

（2）操作人员应经过用电教育，作业时应穿绝缘胶鞋和戴绝缘手套。

（3）电缆线应满足操作所需的长度。电缆线上不得堆压物品或让车辆挤压，严禁用电缆线拖拉或吊挂振动器。

（4）使用前，应检查各部位并确认连接牢固、旋转方向正确。

（5）振动器不得在初凝的混凝土、地板、脚手架和干硬的地面上进行试振。在检修或作业间断时，应断开电源。

（6）作业时，振动棒软管的弯曲半径不得小于500mm，并不得多于两个弯，操作时应将振动棒垂直地沉入混凝土，不得用力硬插、斜推或让钢筋夹住棒头，也不得全部插入混凝土中，插入深度不应超过棒长的3/4，不宜触及钢筋、芯管及预埋件。

（7）振动棒软管不得出现断裂，当软管使用过久长度增长时，应及时修复或更换。

（8）振捣器应保持清洁，不得有混凝土粘结在电动机外壳上妨碍散热。

（9）作业停止需移动振动器时，应先关闭电动机，再切断电源。不得用软管或电缆拖拉电动机。

（10）作业完毕，应将电动机、软管、振动棒清理干净，并应按规定要求进行保养作业。振动器存放时，不得堆压软管，应平直放好，并应对电动机采取防潮措施。

2.10　混凝土附着式、平板式振动器安全操作规程

（1）附着式、平板式振动器轴承不应承受轴向力，在使用时，电动机轴应保持水平状态。

（2）在一个模板上同时使用多台附着式振动器时，各振动器的频率应保持一致，面对面的振动器应错开安装。

（3）作业前，应对附着式振动器进行检查和试振。试振不得在干硬土或硬质物体上进行。安装在搅拌站料仓上的振动器，应安置橡胶垫。

（4）安装时，附着式振动器底板安装螺孔的位置应正确，应防止地脚螺栓安装扭斜而使机壳受损。地脚螺栓应紧固，各螺栓的紧固程度应一致。

（5）附着式振动器使用时，引出电缆线不得拉得过紧，更不得断裂。作业时，应随时观察电气设备的漏电保护器和接地或接零装置并确认合格。

（6）附着式振动器安装在混凝土模板上时，每次振动时间不应超过1min，当混凝土在模内泛浆流动或呈水平状时即可停振，不得在混凝土初凝状态时再振。

（7）装置附着式振动器的构件模板应坚固牢靠，其面积应与振动器额定振动面积相适应。

（8）平板式振捣器的电动机与平板应保持紧固，电源线必须固定在平板上，电器开关

应装在手把上。

（9）平板式振动器作业时，应使平板与混凝土保持接触，使振波有效地振实混凝土，待表面出浆，不再下沉后，即可缓慢向前移动，移动速度应能保证混凝土振实出浆。再振的振动器，不得搁置在已凝或初凝的混凝土上。

（10）用绳拉平板振捣器时，拉绳应干燥绝缘，移动或转向时，不得用脚踢电动机。作业转移时电动机的导线应保持有足够的长度和松度。严禁用电源线拖拉振捣器。

（11）作业后必须做好清洗、保养工作。振捣器要放在干燥处。

2.11　砂浆搅拌机安全操作规程

（1）固定式搅拌机应有牢靠的基础，移动式搅拌机应采用方木或撑架固定，并保持水平。

（2）作业前应检查并确认传动机构、工作装置、防护装置等牢固可靠，操作灵活。三角胶带松紧度适当，搅拌叶片和筒壁间隙在 3～5mm 之间，搅拌轴两端密封良好。

（3）启动后，应先空载运转，检查搅拌叶旋转方向是否正确，方可加料加水，进行搅拌作业。加入的砂子应过筛。

（4）运转中，严禁用手或木棒等伸进搅拌筒内，或在筒口清理灰浆。

（5）作业中，当发生故障不能继续搅拌时，应立即切断电源，将筒内灰浆倒出，排除故障后方可使用。

（6）作业后，应清除机械内砂浆和积料，用水清洗干净，做好保养工作，切断电源，锁好箱门。

2.12　振动冲击夯机安全技术操作规程

（1）振动冲击夯应适用于黏性土、砂及砾石等散状物料的压实，不得在水泥路面和其他坚硬地面作业。

（2）作业前重点检查项目应符合下列要求：

① 各部件连接良好，无松动；

② 内燃冲击夯有足够的润滑油，油门控制器转动灵活；

③ 电动冲击夯有可靠的接零或接地，电缆线表面绝缘完好。

（3）内燃冲击夯启动后，内燃机应怠速运转 3～5min，然后逐渐加大油门，待夯机跳动稳定后，方可作业。

（4）电动冲击夯在接通电源启动后，应检查电动机旋转方向，有错误时应倒换相线。

（5）作业时应正确掌握夯机，不得倾斜，手把不宜握得过紧，能控制夯机前进速度即可。

（6）正常作业时，不得使劲往下压手把，影响夯机跳起高度。在较松的填料上作业或上坡时，可将手把稍向下压，并应能增加夯机前进速度。

（7）在需要增加密实度的地方，可通过手把控制夯机在原地反复夯实。

（8）根据作业要求，内燃冲击夯应通过调整油门的大小，在一定范围内改变夯机的振动频率。

（9）内燃冲击夯不宜在高速下连续作业。在内燃机高速运转时不得突然停车。

（10）电动冲击夯应装有漏电保护装置，操作人员必须戴绝缘手套、穿绝缘鞋。作业时，电缆线不应拉得过紧，应经常检查线头安装，不得松动及引起漏电。严禁冒雨作业。

（11）作业中，当冲击夯有异常响声时，应立即停机检查。

（12）当短距离转移时，应先将冲击夯手把稍向上抬起，将运输轮装入冲击夯的挂钩内，再压下手把，使重心后倾，方可推动手把转移冲击夯。

（13）作业后，应清除夯板上的泥沙和附着物，保持夯机清洁，并妥善保管。

2.13　蛙式夯实机安全操作规程

（1）蛙式夯实机应适用于夯实灰土和素土的地基、地坪及场地平整，不得夯实坚硬或软硬不一的地面、冻土及混有砖石碎块的杂土。

（2）作业前重点检查项目应符合下列要求：

① 除接零或接地外，应设置漏电保护器，电缆线接头绝缘良好。

② 夯土机械的负荷线应采用耐气候型的四芯橡皮护套铜芯软电缆。电缆线长度应不大于50m。

③ 传动皮带松紧度合适，皮带轮与偏心块安装牢固。

④ 转动部分有防护装置，并进行试运转，确认正常后，方可作业。

（3）作业时夯实机扶手上的按钮开关和电动机的接线均应绝缘良好，在电动机的接线穿入手把的入口处，应套绝缘管。当发现有漏电现象时，应立即切断电源，进行检修。

（4）夯实机作业时，应1人扶夯，1人传递电缆线：且必须戴绝缘手套和穿绝缘鞋。递线人员应跟随夯机后或两侧调顺电缆线，电缆线不得扭结或缠绕，且不得张拉过紧，应保持有3～4m的余量。

（5）作业时，应防止电缆线被夯击。移动时，应将电缆线移至夯机后方，不得隔机抢扔电缆线，当转向倒线困难时，应停机调整。

（6）作业时，手握扶手应保持机身平衡，不得用力向后压，并应随时调整行进方向。转弯时不得用力过猛，不得急转弯。

（7）夯实填高土方时，应在边缘以内100～150mm夯实2～3遍后，再夯实边缘。

（8）在较大基坑作业时，不得在斜坡上夯行，应避免造成夯头后折。

（9）夯实房心土时，夯板应避开房心内地下构筑物、钢筋混凝土基桩、机座及地下管道等。

（10）在建筑物内部作业时，夯板或偏心块不得打在墙壁上。

（11）多机作业时，其平列间距不得小于5m，前后间距不得小于10m。

（12）夯机前进方向和夯机四周1m范围内，不得站立非操作人员。

（13）夯机连续作业时间不应过长，当电动机超过额定温升时，应停机降温。

（14）夯机发生故障时，应先切断电源，然后排除故障。

（15）作业后，应切断电源，卷好电缆线，清除夯机上的泥土，并妥善保管。

2.14 交流电焊机安全操作规程

（1）焊接操作及配合人员必须按规定穿戴劳动防护用品。并必须采取防止触电、高空坠落、瓦斯中毒、火灾等事故的安全措施。

（2）现场使用的电焊机，应设有防雨、防潮、防晒的机棚，并应装设相应的消防器材。

（3）焊接现场 10m 范围内，不得堆放油类、木材、氧气瓶、乙炔瓶等易燃、易爆物品。

（4）使用前，应检查并确认初、次级线接线正确，输入电压符合电焊机的铭牌规定。接通电源后，严禁接触初级线路的带电部分。初、次级接线处必须装有防护罩。

（5）次级抽头连接铜板应压紧，接线杆应有垫圈。合闸前，应详细检查接线螺帽、螺栓及其他部件并确认完好齐全、无松动或损坏。接线柱处均有保护罩。

（6）多台电焊机集中使用时，应分接在三相电源网络上，使三相负载平衡。多台焊机的接地装置，应分别由接地极处引接，不得串联。

（7）移动电焊机时，应切断电源，不得用拖拉电缆的方法移动焊机。当焊接中突然停电时，应立即切断电源。

（8）严禁在运行中的压力管道、装有易燃易爆物的容器和受力构件上进行焊接。

（9）焊接铜、铝、锌、锡、铅等有色金属时，必须在通风良好的地方进行，焊接人员应戴防毒面具或呼吸滤清器。

（10）在容器内施焊时，必须采取以下的措施：容器上必须有进、出风口，并设置通风设备；容器内的照明电压不得超过 12V，焊接时必须有人在场监护。严禁在已喷涂过油漆或胶料的容器内焊接。

（11）焊接预热件时，应设挡板隔离预热焊件发出的热辐射。

（12）高空焊接时，必须挂好安全带，焊件周围和下方应采取防火措施并有专人监护。

（13）电焊线通过道路时，必须架高或穿入防护管内埋设在地下，如通过轨道时，必须从轨道下面穿过。

（14）接地线及手把线都不得搭在易燃、易爆和带有热源的物品上，接地线不得接在管道、机床设备和建筑物金属构架或铁轨上，绝缘应良好，机壳接地电阻不应大于 4Ω。

（15）雨天不得露天电焊。在潮湿地带工作时，操作人员应站在铺有绝缘物品的地方并穿好绝缘鞋。

（16）长期停电用的电焊机，使用时，须用摇表检查其绝缘电阻不得低于 0.5MΩ，接线部分不得有腐蚀和受潮现象。

（17）电焊钳应有良好的绝缘和隔热能力。电焊钳握柄必须绝缘良好，握柄与导线连接应牢靠，接触良好，连接处应采用绝缘布包好并不得外露。操作人员不得用胳膊夹持焊钳。

（18）清除焊缝焊渣时，应戴防护眼镜，头部应避开敲击焊渣飞溅方向。

（19）在负荷运行中，焊接人员应经常检查电焊机的温升，如超过 A 级 60℃、B 级 80℃时，必须停止运转并降温。

（20）作业结束后，清理场地、灭绝火种，待消防焊件散尽余热后，切断电源，锁好闸箱，方可离开。

2.15　气焊（气割）安全操作规程

（1）焊接操作及配合人员必须按规定穿戴劳动防护用品，并必须采取防止触电、火灾等事故的安全措施。

（2）对承压状态的压力容器及管道、带电设备、承载结构的受力部位和装有易燃、易爆物品的容器严禁进行焊接或切割。

（3）进行气焊（气割）作业的人员必须持"特种作业操作证"方可上岗操作。

（4）乙炔瓶、氧气瓶及软管、阀、表均应齐全有效，紧固牢靠，不得松动、破损和漏气。氧气瓶及其附件、胶管、工具不得沾染油污。软管接头不得采用铜质材料制作。

（5）乙炔瓶、氧气瓶和焊炬相互间的距离不得小于10m。当不满足上述要求时，应采取隔离措施。同一地点有2个以上乙炔瓶时，其间距不得小于10m。

（6）乙炔瓶应放在操作地点的上风处，并应有良好的散热条件，不得放在供电电线的下方，亦不得放在强烈日光下曝晒。四周应设围栏，并应悬挂"严禁烟火"标志。

（7）氧气橡胶软管应为红色，工作压力应为1500kPa；乙炔橡胶软管应为黑色，工作压力应为300kPa。新橡胶软管应经压力试验。未经压力试验或代用品变质、老化、脆裂、漏气及沾上油脂的胶管均不得使用。

（8）不得将橡胶软管放在高温管道和电线上，或将重物及热的物件压在软管上，且不得将软管与电焊用的导线敷设在一起。软管经过车行道时，应加护套或盖板。

（9）氧气瓶应与其他易燃气瓶、油脂和其他易燃、易爆物品分别存放，且不得同车运输。氧气瓶应有防振圈和安全帽；不得倒置；不得在强烈日光下曝晒。不得用行车或吊车吊运氧气瓶。

（10）开启氧气瓶阀门时，应采用专用工具，动作应缓慢，不得面对减压器，压力表指针应灵敏正常。氧气瓶中的氧气不得全部用尽，应留49kPa以上的剩余压力。

（11）未安装减压器的氧气瓶严禁使用。

（12）安装减压器时，应先检查氧气瓶阀门接头，不得有油脂，并微开氧气瓶阀门吹除污垢，然后安装减压器，操作者不得正对氧气瓶阀门出气口。关闭氧气瓶阀门时，应先松开减压器的活门螺丝。

（13）点燃焊（割）炬时，应先开乙炔阀点火，再开氧气阀调整火焰。关闭时，应先关闭乙炔阀，再关闭氧气阀。

（14）在作业中，发现氧气瓶阀门失灵或损坏不能关闭时，应让瓶内的氧气自动放尽后，再进行拆卸修理。

（15）当乙炔瓶因漏气着火燃烧时，应立即将乙炔瓶朝安全方向推倒，并用黄砂扑灭火种，不得堵塞或拔出浮筒。

（16）乙炔软管、氧气软管不得错装。使用中，当氧气软管着火时，不得折弯软管断气，应迅速关闭氧气阀门，停止供氧。当乙炔软管着火时，应先关熄炬火，可采用弯折前面一段软管将火熄灭。

（17）冬季在露天施工，当软管和回火防止器冻结时，可用热水或在暖气设备下化冻。严禁用火焰烘烤。

（18）不得将橡胶软管背在背上操作。当焊枪内有乙炔、氧气时不得放在金属管、槽、缸、箱内。

（19）氢氧并用时，应先开乙炔气，再开氢气，最后开氧气，再点燃。熄灭时，应先关氧气，再关氢气，最后关乙炔气。

（20）作业后，应卸下减压器，拧上气瓶安全帽，将软管卷起捆好，挂在室内干燥处。

2.16 手持电动工具安全操作规程

（1）一般场所应选用Ⅱ类手持式电动工具并应装设额定触电动作电流不大于15mA，额定动作时间小于0.1s的漏电保护器。若采用Ⅰ类手持式电动工具，还必须作接零保护。操作人员必须戴绝缘手套、穿绝缘鞋或站在绝缘垫上。

（2）在潮湿场所或金属构架上操作时，必须选用Ⅱ类手持式电动工具，并装设防溅的漏电保护器。严禁使用Ⅰ类手持电动工具。

（3）狭窄场所（锅炉、金属容器、地沟、管道内等）宜选用带隔离变压器的Ⅲ类手持式电动工具；若选用Ⅱ类手持式电动工具，必须装设防溅的漏电保护器。把隔离变压器或漏电保护器装设在狭窄场所外面，工作时并应有人监护。

（4）手持式电动工具的负荷线必须采用耐气候型的橡皮护套铜芯软电缆，并不得有接头。禁止使用塑料花线。

（5）使用刃具的机具，应保持刃磨锋利，完好无损，安装正确，牢固可靠。

（6）使用砂轮的机具，应检查砂轮与接盘间的软垫是否安装稳固，螺帽不得过紧，凡受潮、变形、裂纹、破碎、磕边缺口或接触过油、碱类的砂轮均不得使用，并不得将受潮的砂轮片自行烘干使用。

（7）在潮湿地区或在金属构架、压力容器、管道等导电良好的场所作业时，必须使用双重绝缘或加强绝缘的电动工具。

（8）非金属壳体的电动机、电器，在存放和使用时不应受压、受潮，并不得接触汽油等溶剂。

（9）作业前的检查应符合下列要求：

① 外壳、手柄不得出现裂缝、破损；

② 电缆软线及插头等完好无损，开关动作正常，保护接零连接正确牢固可靠；

③ 各部防护罩齐全牢固，电气保护装置可靠。

（10）机具启动后，应空载运转，应检查并确认机具联动灵活无阻。作业时，加力应平稳，不得用力过猛。

（11）严禁超载使用。作业中应注意声响及温升，发现异常应立即停机检查。在作业时间过长，机具温升超过60℃时，应停机，自然冷却后再行作业。

（12）作业中，不得用手触摸刃具、模具和砂轮，发现其有磨钝、破损情况时，应立即停机修整或更换，然后再继续进行作业。

（13）机具转动时，不得撒手不管。

使用冲击电钻或电锤时，应符合下列要求：

① 作业时应掌握电钻或电锤手柄，打孔时先将钻头抵在工作表面，然后开动，用力适度，避免晃动；转速若急剧下降，应减少用力，防止电机过载，严禁用木杠加压；

② 钻孔时，应注意避开混凝土中的钢筋；

③ 电钻和电锤为40％断续工作制，不得长时间连续使用；

④ 作业孔径在25mm以上时，应有稳固的作业平台，周围应设护栏。

（14）使用瓷片切割机时应符合下列要求：

① 作业时应防止杂物、泥尘混入电动机内，并应随时观察机壳温度，当机壳温度过高及产生炭刷火花时，应立即停机检查处理；

② 切割过程中用力应均匀适当，推进刀片时不得用力过猛。当发生刀片卡死时，应立即停机，慢慢退出刀片，应在重新对正后方可再切割。

（15）使用角向磨光机时应符合下列要求：

① 砂轮应选用增强纤维树脂型，其安全线速度不得小于80m/s。配用的电缆与插头应具有加强绝缘性能，并不得任意更换；

② 磨削作业时，应使砂轮与工件面保持15°～30°的倾斜角；切削作业时，砂轮不得倾斜，并不得横向摆动。

（16）使用电剪时应符合下列要求：

① 作业前应先根据钢板厚度调节刀头间隙量；

② 作业时不得用力过猛，当遇刀轴往复次数急剧下降时，应立即减少推力。

（17）使用射钉枪时应符合下列要求：

① 严禁用手掌推压钉管和将枪口对准人；

② 击发时，应将射钉枪垂直压紧在工作面上，当两次扣动扳机，子弹均不击发时，应保持原射击位置数秒钟后，再退出射钉弹；

③ 在更换零件或断开射钉枪之前，射枪内均不得装有射钉弹。

（18）使用拉铆枪时应符合下列要求：

① 被铆接物体上的铆钉孔应与铆钉滑配合，并过盈量不得太大；

② 铆接时，当铆钉轴未拉断时，可重复扣动扳机，直到拉断为止，不得强行扭断或撬断；

③ 作业中，接铆头子或并帽若有松动，应立即拧紧。

2.17 机动翻斗车安全操作规程

（1）行驶前，应检查锁紧装置并将料斗锁牢，不得在行驶时掉斗。

（2）起步时应平衡，不得突然加大油门，不得用二、三挡起步，应从一挡起步。不得用离合器处于半结合状态来控制车速。

（3）上坡时，当路面不良或坡度较大时，应提前换入低挡行驶；下坡时严禁空挡滑行；转弯时应先减速；急转弯时应先换入低挡。

（4）翻斗车制动时，应逐渐踩下制动踏板，并应避免紧急制动。

（5）通过泥泞地段或雨后湿地时，应低速缓行，应避免换挡、制动、急剧加速，且不得靠近路边或沟旁行驶，并应防侧滑。

（6）翻斗车排成纵队行驶时，前后车之间应保持 8m 的间距，在下雨或冰雪的路面上，应加大间距。

（7）在坑沟边缘卸料时，应设置安全挡块，车辆接近坑边时，应减速行驶，不得剧烈冲撞挡块。

（8）停车时，应选择适合地点，不得在坡道上停车。冬季应采取防止车轮与地面冻结的措施。

（9）在坡道上停放时，下坡停放应挂上倒挡，上坡停放应挂上一挡，并应使用三角木楔等塞紧轮胎。

（10）严禁料斗内载人。料斗不得在卸料工况下行驶或进行平地作业。

（11）内燃机运转或料斗内载荷时，严禁在车底下进行任何作业。

（12）操作人员离机时，应将内燃机熄火，并挂挡、拉紧手制动器。

（13）作业后，应对车辆进行清洗，清除砂土及混凝土等粘结在料斗和车架上的脏物。

2.18　装载机安全操作规程

（1）装载机宜在 1~2 级土壤的场地作业，不宜在干燥粉尘大以及潮湿黏土地带进行作业。

（2）作业前应对装载机进行检查，轮胎气压、各液压管接头液压控制阀是否正常，各润滑部位是否缺机油等，确认正常后方可启动。

（3）作业时应时刻注意周围人的情况，尤其是在倒车时，更应注意身后有无行人，作业过程中，严禁任何人上下机械、传递物件以及在铲斗内或机架上坐立。

（4）在不平的场地上行驶及转弯时，严禁将铲运斗提升到最高位置。

（5）在坡道上不得进行保修作业，在陡坡上严禁转弯、倒车和停车，在坡上熄火时应将铲斗落地，制动牢靠后，再行启动。

（6）夜间工作时，现场照明应齐全完好。

（7）作业完毕后将装载机停放在平坦地面上，并将铲斗落在地面上，液压操纵的应将液压缸缩回，将操纵杆放在中间位置进行清洁，润滑后关好门窗。

2.19　柴油锤桩机安全操作规程

（1）打桩机作业区内应无高压线路。作业区应有明显标志或围栏，非工作人员不得进入。桩锤在施打过程中，操作人员必须在距离桩锤中心 5m 以外监视。

（2）柴油打桩锤应使用规定配合比的燃油，作业前应将燃油箱注满，并将出油阀门打开。

（3）作业前，应打开放气螺塞，排出油路中的空气，并应检查和试验燃油泵，从清扫孔中观察喷油情况；发现不正常时，应予调整。

（4）作业前，应使用起落架将上活塞提起稍高于上汽缸，打开贮油室油塞，按规定加满润滑油。对自动润滑的桩锤，应采用专用油泵向润滑油管路加入润滑油，并应排除管路

139

中的空气。

（5）对新启用的桩锤，应预先沿上活塞一周浇入 0.5L 润滑油，并应用油枪对下活塞加注一定量的润滑油。

（6）应检查所有紧固螺栓，并应重点检查导向板的固定螺栓，不得在松动及缺件情况下作业。

（7）应检查并确认起落架各工作机构安全可靠，起动钩与上活塞接触线在 5～10mm 之间。

（8）提起桩锤脱出砧座后，其下滑长度不宜超过 200mm。超过时应调整桩帽绳扣。

（9）应检查导向板磨损间隙，当间隙超过 7mm 时，应予更换。

（10）应检查缓冲胶垫，当砧座和橡胶垫的接触面小于原面积 2/3 时，或下汽缸法兰与砧座间隙小于 7mm 时，均应更换橡胶垫。

（11）对水冷式桩锤，应将水箱内的水加满。冷却水必须使用软水。冬季应加温水。

（12）桩锤启动前，应使桩锤、桩帽和桩在同一轴线上，不得偏心打桩。

（13）在桩贯入度较大的软土层起动桩锤时，应先关闭油门冷打，待每击贯入度小于 100mm 时，再开启油门启动桩锤。

（14）插桩后，应及时校正桩的垂直度。桩入土 3m 以上时，严禁用打桩机行走来纠正桩的倾斜度。

（15）锤击中，上活塞最大起跳高度不得超过出厂说明书规定。目视测定高度宜符合出厂说明书上的目测表或计算公式。当超过规定高度时，应减少油门，控制落距。

（16）当上活塞下落而柴油锤未燃爆时，上活塞可发生短时间的起伏，此时起落架不得落下，应防撞击碰块。

（17）打桩过程中，应有专人负责拉好曲臂上的控制绳；在意外情况下，可使用控制绳紧急停锤。

（18）当上活塞与起动钩脱离后，应将起落架继续提起，宜使它与上汽缸达到或超过 2m 的距离。

（19）作业中，应重点观察上活塞的润滑油是否从油孔中泄出。当下汽缸为自动加油泵润滑时，应经常打开油管头，检查有无油喷出；当无自动加油泵时，应每隔 15min 向下活塞润滑点注入润滑油。当 1 根桩打进时间超过 15min 时，则应在打完后立即加注润滑油。

（20）作业中，当桩锤冲击能量达到最大值时，其最后 10 锤的贯入值不得小于 5mm。

（21）桩帽中的填料不得偏斜，作业中应保证锤击桩帽中心。

（22）作业中，当水套的水由于蒸发而低于下汽缸吸排气口时，应及时补充，严禁无水作业。

（23）遇有雷雨、大雾和六级以上大风等恶劣气候时，应停止一切作业。当风力超过七级或有风暴警报时，应将打桩机顺风向停置，并应增加缆风绳。

（24）停机后，应将桩锤放到最低位置，盖上汽缸盖和吸排气孔塞子，关闭燃料阀，将操作杆置于停机位置，起落架升至高于桩锤 1m 处，锁住安全限位装置。

（25）长期停用的桩锤，应从桩机上卸下，放掉冷却水、燃油及润滑油，将燃烧室及上、下活塞打击面清洗干净，并应做好防腐措施，盖上保护套，入库保存。

2.20 振动锤桩机安全操作规程

(1) 作业场地至电源变压器或供电主干线和距离应在200m以内。作业区应有明显标志或围栏,非工作人员不得进入。

(2) 电源容量与导线截面应符合出厂使用说明书的规定,启动时,当电动机额定电压变动在-5%~+10%的范围内时,可以额定功率连续运行;当超过时,则应控制负荷。

(3) 液压箱、电气箱应置于安全平坦的地方。电气箱和电动机必须安装保护接地设施。

(4) 长期停放重新使用前,应测定电动机的绝缘值,且不得小于0.5MΩ,并应对电缆芯线进行导通试验。电缆外包橡胶层应完好无损。

(5) 应检查并确认电气箱内各部件完好,接触无松动,接触器触点无烧毛现象。

(6) 作业前,应检查振动桩锤减振器与连接螺栓的紧固性,不得在螺栓松动或缺件的状态下启动。

(7) 应检查并确认振动箱内润滑油位在规定范围内。用手盘转胶带轮时,振动箱内不得有任何异响。

(8) 应检查各传动胶带的松紧度,过松或过紧时应进行调整。胶带防护罩不应有破损。

(9) 夹持器与振动器连接处的紧固螺栓不得松动。液压缸根部的接头防护罩应齐全。

(10) 应检查夹持片的齿形。当齿形磨损超过4mm时,应更换或用堆焊修复。使用前,应在夹持片中间放一块10~15mm厚的钢板进行试夹。试夹中液压缸应无渗漏,系统压力应正常,不得在夹持片之间无钢板时试夹。

(11) 悬挂振动桩锤的起重机,其吊钩上必须有防松脱的保护装置。振动桩锤悬挂钢架的耳环上应加装保险钢丝绳。

(12) 启动振动桩锤应监视启动电流和电压,一次启动时间不应超过10s。当启动困难时,应查明原因,排除故障后,方可继续启动。启动后,应待电流降到正常值时,方可转到运转位置。

(13) 振动桩锤启动运转后,应待振幅达到规定值时,方可作业。当振幅正常后仍不能拔桩时,应改用功率较大的振动桩锤。

(14) 拔钢板桩时,应按沉入顺序的相反方向起拔,夹持器在夹持板桩时,应靠近相邻一根,对工字桩应夹紧腹板的中央。如钢板桩和工字桩的头部有钻孔时,应将钻孔焊平或将钻孔以上割掉,亦可在钻孔处焊加强板,应严防拔断钢板桩。

(15) 夹桩时,不得在夹持器和桩的头部之间留有空隙,并应待压力表显示压力达到额定值后,方可指挥起重机起拔。

(16) 拔桩时,当桩身埋入部分被拔起1.0~2.1m时,应停止振动,拴好吊桩用钢丝绳,再起振拔桩。当桩尖在地下只有1~2m时,应停止振动,由起重机直接拔桩。待桩完全拔出后,在吊桩钢丝绳未吊紧前,不得松开夹持器。

(17) 沉桩前,应以桩的前端定位,调整导轨与桩的垂直度,不应使倾斜角超过2°。

(18) 沉桩时,吊桩的钢丝绳应紧跟桩的下沉速度而放松。在桩入土±3m之前,可利用桩机回转或导杆前后移动，校正桩的垂直度；在桩入土超过 3m 时，不得再进行校正。

（19）沉桩过程中，当电流表指数急剧上升时，应降低沉桩速度，使电动机不超载；但当桩沉入太慢时，可在振动桩锤上加一定量的配重。

（20）作业中，当遇液压软管破损、液压操纵箱失灵或停电（包括熔丝烧断）时，应立即停机，将换向开关放在"中间"位置，并应采取安全措施，不得让桩从夹持器中脱落。

（21）作业中，应保持振动桩锤等减振装置的各摩擦部位具有良好的润滑。

（22）作业后，应将振动桩锤沿导杆放至低处，并采用木块垫实，带桩管的振动桩锤可将桩管插入地下一半。

（23）作业后，除应切断操纵箱上的总开关外，尚应切断配电盘上的开关，并应采用防雨布将操纵箱遮盖好。

2.21 静力压桩机安全操作规程

（1）压桩机安装地点应按施工要求进行先期处理，应平整场地，地面应达到 35kPa 的平均地基承载力。

（2）安装时，应控制好 2 个纵向行走机构的安装间距，使底盘平台能正确对位。

（3）电源在导通时，应检查电源电压并使其保持在额定电压范围内。

（4）各液压管路连接时，不得将管路强行弯曲。安装过程中，应防止液压油过多流损。

（5）安装配重前，应对各紧固件进行检查，在紧固件未拧紧前不得进行配重安装。

（6）安装完毕后，应对整机进行试运转，对吊桩用的起重机，应进行满载试吊。

（7）作业前应检查并确认各传动机构、齿轮箱、防护罩等状态良好，各部件连接牢固。

（8）作业前应检查并确认起重机起升、变幅机构正常，吊具、钢丝绳、制动器等良好。

（9）应检查并确认电缆表面无损伤，保护接地电阻符合规定，电源电压正常，旋转方向正确。

（10）应检查并确认润滑油、液压油的油位符合规定，液压系统无泄漏，液压缸动作灵活。

（11）冬季应清除机上积雪，工作平台应有防滑措施。

（12）压桩作业时，应有统一指挥，压桩人员和吊桩人员应密切联系，相互配合。

（13）当压桩机的电动机尚未正常运行前，不得进行压桩。

（14）起重机吊桩进入夹持机构进行接桩或插桩作业时，应确认在压桩开始前吊钩已安全脱离桩体。

（15）接桩时，上一节应提升 350～400mm，此时，不得松开夹持板。

（16）压桩时，应按桩机技术性能表作业，不得超载运行。操作时动作不应过猛，避免冲击。

（17）顶升压桩机时，4 个顶升缸应 2 个一组交替动作，每次行程不得超过 100mm。当单个顶升缸动作时，行程不得超过 50mm。

（18）压桩时，非工作人员应离机 10m 以外。起叠机的起叠臂下，严禁站人。

（19）压桩过程中，应保持桩的垂直度，如遇地下障碍物使桩产生倾斜时，不得采用压桩机横向行走的方法强行纠正，应先将桩拔起，待地下障碍物清除后，重新插桩。

（20）当桩在压入过程中，夹持机构与桩侧出现打滑时，不得任意提高液压缸压力，强行操作，而应找出打滑原因，排除故障后，方可继续进行。

（21）当桩的贯入阻力太大，使桩不能压至标高时，不得任意增加配重。应保护液压元件和构件不受损坏。

（22）当桩顶不能最后压到设计标高时，应将桩顶部分凿去，不得用桩机行走的方式，将桩强行推断。

（23）当压桩引起周围土体降起，影响桩机行走时，应将桩机前进方向降起的土铲平，不得强行通过。

（24）压桩机横向行走时，长、短船与水平坡度不得超过 5°。纵向行走时，不得单向操作一个手柄，应 2 个手柄一起动作。

（25）压桩机在顶升过程中，船形轨道不应压在已入土的单一桩顶上。

（26）压桩机上装设的起重机及卷扬机在使用时，应执行起重机及卷扬机的有关规定。

（27）作业完毕，应将短船运行至中间位置，停放在平整地面上，其余液压缸应全部回程缩进，起重机吊钩应升至最上部，并应使各部件制动生效，最后应将外露活塞杆擦干净。

（28）作业后，应将控制器放在"零位"，并依次切断各部电源，锁闭门窗，冬季应放尽各部积水。

（29）转移工地时，应按规定程序拆卸后，用汽车装运。所有油管接头处应加闷头螺栓，不得让尘土进入。液压软管不得强行弯曲。

2.22　空气压缩机安全操作规程

（1）空气压缩机的内燃机和电动机的使用应符合内燃机和电动机的有关规定。

（2）空气压缩机作业区应保持清洁和干燥。贮气罐应放在通风良好处，距贮气罐 15m 以内不得进行焊接或热加工作业。

（3）空气压缩机的进排气管较长时，应加以固定，管路不得有急弯；对较长管路应设伸缩变形装置。

（4）贮气罐和输气管路每 3 年应作水压试验一次，试验压力应为额定压力的 150%。压力表和安全阀应每年至少校验一次。

（5）作业前重点检查应符合下列要求：

① 燃、润油料均添加充足；

② 各连接部位紧固，各运动机构及各部位阀门开闭灵活；

③ 各防护装置齐全良好，贮气罐内无存水；

④ 电动空气压缩机的电动机及启动器外壳接地良好，接地电阻不大于 4Ω。

（6）空气压缩机应在空载状态下启动，启动后低速空运转，检视各仪表指示值符合要求，运转正常后，逐步进入载荷运转。

（7）输气胶管应保持畅通，不得扭曲，开启送气阀前，应将输气管道连接好，并通知现场有关人员后方可送气。在出气口前方，不得有人工作或站立。

（8）作业中，贮气罐内压力不得超过铭牌额定压力，安全阀应灵敏有效。进、排气阀、轴承及各部件应无异响或过热现象。

（9）每工作 2h，应将液气分离器、中间冷却器、后冷却器内的油水排放一次。贮气罐内的油水每班应排放 1~2 次。

（10）发现下列情况之一时应立即停机检查，找出原因并排除故障后，方可继续作业：

① 漏水、漏气、漏电或冷却水突然中断；

② 压力表、温度表、电流表指示值超过规定；

③ 排气压力突然升高，排气阀、安全阀失效；

④ 机械有异响或电动机电刷发生强烈火花。

（11）运转中，在缺水而使气缸过热停机时，应待气缸自然降温至 60℃ 以下时，方可加水。

（12）当电动空气压缩机运转中突然停电时，应立即切断电源，等来电后重新在无载荷状态下启动。

（13）停机时，应先卸去载荷，然后分离主离合器，再停止内燃机或电动机的运转。

（14）停机后，应关闭冷却水阀门，打开放气阀，放出各级冷却器和贮气罐内的油水和存气，方可离岗。

（15）在潮湿地区及隧道中施工时，对空气压缩机外露摩擦面应定期加注润滑油，对电动机和电气设备应作好防潮保护工作。

2.23 发电机安全操作规程

（1）以内燃机为动力的发电机，其内燃机部分应执行内燃机的有关规定。

（2）新装、大修或停用 10d 以上的发电机，使用前应测量定子和励磁回路的绝缘电阻以及吸收比，定子的绝缘电阻不得低于上次所测值的 30%，励磁回路的绝缘电阻不得低于 0.5MΩ，吸收比不得小于 1.3，并应做好测量记录。

（3）作业前检查内燃机与发电机传动部分，应连接可靠，输出线路的导线绝缘良好，各仪表齐全、有效。

（4）启动前应先将励磁变阻器的电阻值放在最大位置上，然后切断供电输出主开关，接合中性点接地开关。有离合器的机组，应先启动内燃机空载运转，待正常后再接合发电机。

（5）启动后检查发电机在升速中应无异响，滑环及整流子上电刷接触良好，无跳动及冒火花现象。待运转稳定，频率、电压达到额定值后，方可向外供电。载荷应逐步增大，三相应保持平衡。

（6）发电机开始运转后，即应认为全部电气设备均已带电。

（7）发电机连续运行的最高和最低允许电压值不得超过额定值的 ±10%。其正常运行的电压变动范围应在额定值的±5%以内，功率因数为额定值时，发电机额定容量应不变。

（8）发电机在额定频率值运行时，其变动范围不得超过±0.5Hz。

（9）发电机功率因数不得超过迟相（滞后）0.95。有自动励磁调节装置的，可在功率因数为1的条件下运行，必要时可允许短时间在迟相0.95～1的范围内运行。

（10）发电机运行中应经常检查并确认各仪表指示及各运转部分是否正常，并应随时调整发电机的载荷。定子、转子电流不得超过允许值。

（11）停机前应先切断各供电分路主开关，逐步减少载荷，然后切断发电机供电主开关，将励磁变阻器复位到电阻最大值位置，使电压降至最低值，再切断励磁开关和中性点接地开关，最后停止内燃机运转。

2.24　混凝土切割机安全操作规程

（1）使用前，应检查并确认电动机、电缆线均正常，保护接地良好，防护装置安全有效，锯片选用符合要求，安装正确。

（2）启动后，应空载运转，检查并确认锯片运转方向是否正确，升降机构灵活，运转中无异常、异响，一切正常后，方可作业。

（3）操作人员应双手按紧工件，均匀送料，在推进切割机时，不得用力过猛。操作时不得戴手套。

（4）切割厚度应按机械出厂铭牌规定进行，不得超厚切割。

（5）加工件送到与锯片相距300mm处或切割小块料时，应使用专用工具送料，不得直接用手推料。

（6）作业中，当工件发生冲击、跳动及异常声响时，应立即停机检查，排除故障后，方可继续作业。

（7）严禁在运转中检查、维修各部件。锯台上和构件锯缝中的碎屑应采用专用工具及时清除，不得用手拣拾或抹拭。

（8）作业后，应清洗机身，擦干锯片，排放水箱余水，收回电缆线，并存放在干燥、通风处。

2.25　起重吊车安全操作规程

（1）起重吊装的指挥人员必须持证上岗，作业时应与操作人员密切配合，执行规定的指挥信号。操作人员应按照指挥人员的信号进行作业，当信号不清或错误时，操作人员可拒绝执行。

（2）遇有六级以上大风或大雨、大雪、大雾等恶劣天气时，应停止起重吊装露天作业。在雨雪过后或雨雪中作业时，应先经过试吊，确认安全可靠后方可进行作业。

（3）起重机作业时，起重臂和重物下方严禁有人停留、工作或通过。重物吊运时，严禁从人上方通过。严禁用起重机载运人员。

（4）起重机行驶和工作的场地应保持平坦坚实，并应与沟渠、基坑保持安全距离。

（5）起重机启动前重点检查项目应符合下列要求：

① 各安全保护装置和指示仪表齐全完好；

② 钢丝绳及连接部位符合规定；

③ 燃油、润滑油、液压油及冷却水添加充足；

④ 各连接件无松动；

⑤轮胎气压符合规定。

（6）起重机启动前，应将各操纵杆放在空挡位置，手制动器应锁死，并应按正确步骤启动内燃机。启动后，应怠速运转，检查各仪表指示值，运转正常后接合液压泵，待压力达到规定值，油温超过30℃时，方可开始作业。

（7）作业前，应全部伸出支腿，并在撑脚板下垫方木，调整机体使回转支承面的倾斜度在无载荷时不大于1/1000（水准泡居中）。支腿有定位销的必须插上。底盘为弹性悬挂的起重机，放支腿前应先收紧稳定器。

（8）作业中严禁扳动支腿操纵阀。调整支腿必须在无载荷时进行，并将起重臂转至正前或正后方可再行调整。

（9）应根据所吊重物的重量和提升高度，调整起重臂长度和仰角，并应估计吊索和重物本身的高度，留出适当空间。

（10）起重臂伸缩时，应按规定程序进行，在伸臂的同时应相应下降吊钩。当限制器发出警报时，应立即停止伸臂。起重臂缩回时，仰角不宜太小。

（11）起重臂伸出后，出现前节臂杆的长度大于后节伸出长度时，必须进行调整，消除不正常情况后，方可作业。

（12）起重臂伸出后，或主副臂全部伸出后，变幅时不得小于各长度所规定的仰角。

（13）汽车式起重机起吊作业时，汽车驾驶室内不得有人，重物不得超越驾驶室上方，且不得在车的前方起吊。

（14）采用自由（重力）下降时，载荷不得超过该工况下额定起重量的20%，并应使重物有控制地下降，下降停止前应逐渐减速，不得使用紧急制动。

（15）起吊重物达到额定起重量的50%及以上时，应使用低速挡。

（16）作业中发现起重机倾斜、支腿不稳等异常现象时，应立即使重物下降落在安全的地方，下降中严禁制动。

（17）重物在空中需要较长时间停留时，应将起升卷筒制动锁住，操作人员不得离开操纵室。

（18）起吊重物达到额定起重量的90%以上时，严禁同时进行两种及以上的操作动作。

（19）起重机带载回转时，操作应平稳，避免急剧回转或停止，换向应在停稳后进行。

（20）当轮胎式起重机带载行走时，道路必须平坦坚实，载荷必须符合出厂规定，重物离地面不得超过500mm，并应拴好拉绳，缓慢行驶。

（21）作业后，应将起重臂全部缩回放在支架上，再收回支腿。吊钩应用专用钢丝绳挂牢；应将车架尾部两撑杆分别撑在尾部下方的支座内，并用螺母固定；应将阻止机身旋转的销式制动器插入销孔，并将取力器操纵手柄放在脱开位置，最后应锁住起重操纵室门。

（22）行驶前，应检查并确认各支腿的收存无松动，轮胎气压应符合规定。行驶时水温应在 80～90℃范围内，水温未达到 80℃时，不得高速行驶。

（23）行驶时应保持中速，不得紧急制动，过铁道口或起伏路面时应减速，下坡时严禁空挡滑行，倒车时应有人监护。

（24）行驶时，严禁人员在底盘走台上站立或蹲坐，并不得堆放物件。

附录 3 安全操作规程（节选）

3.1 普通工（杂工）安全操作规程

（1）挖掘土方，两人操作间距应保持 2～3m，并由上而下逐层挖掘，禁止采用掏洞的操作方法。

（2）开挖沟槽、基坑等，应根据土质和挖掘深度放坡，必要时设置固壁支撑。挖出的泥土应堆放在沟边 1m 外，并且高度不得超过 2.1m。

（3）吊运土方，绳索、滑轮、钩子、箩筐等应完好牢固，起吊时垂直下方不得有人。

（4）拆除固壁支撑应自下而上进行，填好一层，再拆一层，不得一次拆到顶。

（5）用手推车装运物料，应注意平稳，掌握重心，不得猛跑和撒把溜放。前后车距在平地不得少于 2m，下坡不得少于 10m。

（6）从砖垛上取砖应由上而下阶梯式拿取，禁止一码拆到底或在下面掏取。整砖和半砖应分开传送。

（7）脚手架上放砖的高度不准超过三层侧砖。

（8）车辆未停稳，禁止上下和装卸物料，所装物料要垫好绑牢。开车厢板应站在侧面。

（9）砌挡墙搬运石料要拿稳放牢，绳索工具要牢固；两人抬运，应互相配合，动作一致；用车子或筐运送，不要装得太满，防止滚落伤人。

（10）往坑槽运石料，应用溜槽或吊运，下方不准有人。

（11）在脚手架上砌石，不得使用大锤，修整石块时要戴防护镜，不准两人对面操作。

（12）工作完毕，应将工作面、脚手板等处清扫干净。

3.2 木工安全操作规程

（1）模板支撑不得使用腐朽、劈裂的材料。支撑要垂直，底端平整坚实，并加以木垫。木垫要钉牢，并用横杆和剪刀撑拉牢。

（2）支模应严格检查，发现严重变形、螺栓松动等应及时修复。

（3）支模应按工序进行，模板没有固定前，不得进行下道工序，禁止利用拉杆、支撑攀登。

（4）支设 4m 以上的立柱模板，四周必须顶牢，可搭设工作台，系安全带，不足 4m 的，可使用马凳操作。

（5）支设独立梁模应设临时工作台，不得站在柱模上操作和梁底模上行走。

（6）拆除模板应经施工技术人员同意。操作时应按顺序分段进行，严禁硬砸或大面积整体剥落和拉倒。完工前不得留下松动和悬挂的模板，拆下的模板应及时运送到指定地点集中堆放，防止钉子扎脚。

（7）锯木机操作前应进行检查锯片不得有裂口，螺丝应上紧。锯盘要有防护罩，防护挡板等安全装置，无人操作时要切断电源。

（8）操作要戴防护眼镜，站在锯片一侧。禁止站在与锯片同一直线上，手臂不得跨过锯片。

（9）进料时必须紧贴靠山，不得用力过猛，遇硬节时应慢推。接料要待料超出锯片15cm，不得用手硬拉。

（10）短窄料应用棍推，接料使用挂钩。超过锯片半径的材料，禁止上锯。

（11）暴风、台风前后，要检查工地模板、支撑。发现变形、下沉等现象，应及时修理加固，有严重危险的，立即排除。

（12）现场道路应加强维护，斜道和脚手板应有防滑设施。

3.3　钢筋工安全操作规程

（1）钢材、半成品等应规格、品种分别堆放整齐，制作场地要平整，工作台要稳固，照明灯具必须加网罩。

（2）拉直钢筋，卡头要卡牢，地锚要结实牢固，拉筋2m区域内禁止行人。按调直钢筋的直径，选用适当的调直块及传动速度，经调试合格，方可送料，送料前应将不直的料头切去。

（3）展开圆盘钢筋要一头卡牢，防止回弹，切断时要先用脚踩紧。

（4）人工断料，工具必须牢固。拿錾子和打锤要站成斜角，注意扔锤区域内的人和物体。切断小于30cm的短钢筋，应用钳子夹牢，禁止用手把扶，并在外侧设置防护笼罩。

（5）多人合运钢筋，起、落、转、停动作要一致，人工上下传送不得在同一垂直线上。钢筋堆放要分散、稳当，防止塌落。

（6）在高空、深坑绑扎钢筋和安装骨架时，须搭设脚手架和马道。绑扎立柱、墙体钢筋，不准站在钢筋骨架和攀登骨架上。柱在4m以内，重量不大，可在地面或楼面上绑扎，整体柱在4m以上，应搭设工作台。柱梁骨架应用临时支撑拉牢，以防倒塌。

（7）绑扎基础钢筋时，应按施工设计规定摆放钢筋支架或马凳架起上部钢筋，不得任意减少支架或马凳。

（8）绑扎高层建筑的圈梁、挑檐、外墙、柱边钢筋，应搭设外挂架或安全网。绑扎时挂好安全带。

（9）起吊钢筋骨架，下方禁止站人，必须待架降落到离地面1m以内方准靠近，就位支撑好方可摘钩。

（10）冷拉卷扬机前应设置防护挡板，没有挡板时，应就卷扬机与冷拉方向成90°角，并且应用封闭式导向滑轮。操作时要站在防护挡板后，冷拉场地不准站人和通行。

（11）冷拉钢筋要上好夹具，离开后再发开车信号。

（12）冷拉和张拉钢筋要严格按照规定应力和伸长率进行，不得随便变更。不论拉伸或放松钢筋都应缓慢均匀，发现油泵、千斤顶、销卡异常时，应即停止张拉。

（13）张拉钢筋，两端应设置防护挡板。钢筋张拉后要加以防护，禁止压重物或在上面行走。浇灌混凝土时，要防止振动器冲击预应力钢筋。

（14）张拉千斤顶支脚必须与构件对准，放置平正，测量拉伸长度、加楔和拧紧螺栓时应先停止拉伸，并站在两侧操作，防止钢筋断裂，回弹伤人。

（15）同一构件有预应力和非预应力钢筋时，预应力钢筋应分二次张拉，第一拉至控制应力的70%～80%，待非预应力钢筋绑好后再张拉到规定应力值。

（16）机械运转正常后方准断料。断料时，手与刀口距离不得少于15cm，活动刀片前进时禁止送料。

（17）切断钢筋刀口不得超过机械负载能力，切低合金钢等特种钢筋，要用高硬度刀件。

（18）切长钢筋应有专人扶住，操作时动作要一致，不得任意拖拉；切短钢筋须用套管或钳子夹料，不得用手直接送料。

（19）切断机旁应设放料台，机械运转中严禁用手直接清除刀口附近的断头和杂物。钢筋摆放范围，非操作人员不得停留。

（20）钢筋机械上不准堆放物件，以防机械振动落入机体。

（21）钢筋调直，钢筋装入滚筒，手与滚筒应保持一定距离。机器运转中不得调整滚筒。

（22）钢筋调直到末端时，人员必须躲开，以防甩开伤人。

（23）短于2m或直径大于9mm的钢筋调直，应低速加工。

（24）钢筋调直，钢筋要紧贴内挡板，注意放入插头的位置和回转方向，不得错开。

（25）弯曲长钢筋时，应有专人扶住，并站在钢筋弯曲方向的外面，互相配合，不得拖拉。

（26）调头弯曲，防止碰撞人和物，更换芯轴、加油和清理，须停机后进行。

（27）钢筋焊接，焊机应设在干燥的地方，平衡牢固，要有可靠的接地装置，导线绝缘良好，并在开关箱内装有防漏电保护的空气开关。

（28）焊接操作时应戴防护眼镜和手套，并站在橡胶板或木板上。工作棚要用防火材料搭设，棚内严禁堆放易燃易爆物品，并备有灭火器材。

（29）对焊机接触器的接触点、电机，要定期检查修理，冷却水管应保持畅通，不得漏水和超过规定温度。

（30）钢筋严禁碰、触、钩、压电源电线、电缆。

（31）钢筋机械作业后必须拉闸切断电源，锁好开关箱。

3.4　混凝土工安全操作规程

（1）混凝土运输车向料斗倒料，应有挡车措施，不得用力过猛和撒把。

（2）用井架运输时，小车把不得伸出笼外；车轮前后要挡牢，稳起稳落。

（3）浇灌混凝土使用的溜槽及串筒必须连接牢固。操作部位应有护身栏杆，不准直接在溜槽帮上操作。

（4）用输送泵输送混凝土，管道接头、安全阀必须完好，管道的架子必须牢固，输送前必须试送，检修必须卸压。

（5）浇灌框架、梁、栏混凝土，应设操作台，不得直接站在模板上或支撑上操作。

（6）浇捣拱形结构，应自两边拱脚对称同时进行；浇圈梁、雨篷、阳台，应设防护措施。

（7）不得在混凝土养护池边上站立和行走，并注意各处的盖板和地沟孔洞，防止失足坠落。

（8）使用振动棒、平板振动器应穿绝缘胶鞋，湿手不得接触开关，电线不得有破皮漏电现象，用电设备必须要有漏电开关。

3.5　搅拌机操作工安全操作规程

（1）搅拌机必须安置在坚实的地方，用支架或支脚筒架稳，不准以轮胎代替支撑。

（2）开动搅拌机前应检查，离合器、制动器、钢丝绳等应良好，滚筒内不得有异物。

（3）进料斗升起时，严禁任何人在料斗下通过或停留。工作完毕后应将料斗固定好。

（4）运转时，严禁将工具伸进滚筒内。

（5）现场检修时，应固定好料斗，切断电源。进入滚筒时，外面应有人监护。

3.6　架子工安全操作规程

（1）架子工属于国家规定的特种作业人员，必须经有关部门培训，考试合格，持证上岗。应每年进行一次体验。凡患高血压、心脏病、贫血病、癫痫病以及不适于高处作业的不得从事架子作业。

（2）架工班组接受任务后，必须根据任务的特点向班组全体人员进行安全技术交底，明确分工。悬挂挑式脚手架、门式、碗口式和工具式插口脚手架或其他新型脚手架，以及高度在30m以上的落地式脚手架和其他非标准的架子，必须具有上级技术部门批准的设计图纸、计算书和安全技术交底书后才可搭设。同时，搭设前架工班组长要组织全体人员熟悉施工技术和作业要求，确定搭设方法。搭脚手架前，班组长应带领架工对施工环境及所需的工具、安全防护设施等进行检查，消除隐患后方可开始作业。

（3）架工作业要正确使用个人劳动防护用品。必须佩戴安全帽、安全带，衣着要灵便，穿软底防滑鞋，不得穿塑料底鞋、皮鞋、拖鞋和硬底或带钉易滑的鞋。作业时要思想集中，团结协作，互相呼应，统一指挥。不准用抛扔方式上下传递工具、零件等。禁止打闹和开玩笑。休息时应下架子，在地面休息。严禁酒后上班。

（4）架子要结合工程进度搭设，不宜一次搭得过高。未完成的脚手架，架工离开作业岗位时（如工间休息或下班时），不得留有未固定构件，必须采取措施消除不安全因素并确保架子稳定。脚手架搭设后必须经施工员会同安全员进行验收合格后才能使用。在使用过程中，要经常进行检查，对长期停用的脚手架恢复使用前必须进行检查，鉴定合格后才能使用。

（5）落地式多立杆外脚手架上均布荷载每平方米不得超过270kg，堆放标准砖只允许侧摆 3 层；集中荷载每平方米不得超过 150kg。用于装修的脚手架不得超过 200kg/㎡。承受手推运输车及负载过重的脚手架及其他类型脚手架，荷载按设计规定。

（6）高层建筑施工工地井字架、脚手架等高出周围建筑，须防雷击。若在相邻建筑物、构筑物防雷装置的保护范围以外，应安装防雷装置，可将井字架及钢管脚手架一侧高杆接长，使之高出顶端 2m 作为接闪器，并在该高杆下端设置接地线。防雷装置冲击接地电阻值不得大于 4Ω。

（7）架子的铺设宽度不得小于 1.2m。脚手板须满铺，离墙面不得大于 20cm，不得有空隙和探头板。脚手板搭接时不得小于 20cm；对头接时应架设双排小横杆，间距不得大于 20cm。在架子拐弯处脚手板应交叉搭接。垫平脚手板应用木块，并且要钉牢，不得用砖垫。

（8）上料斜道的铺设宽度不得小于 2.1m，坡度不得大于 1：3，防滑条的间距不得大于 30cm。

（9）脚手架的外侧、斜道和平台，要绑 1m 高的防护栏杆和钉 18cm 高的挡脚板。

（10）砌筑里脚手架铺设宽度不得小于 1.2m，高度应保持低于外墙 20cm。里脚手架的支架间距不得大于 2.1m，支架底脚要有垫木块，并支在能承受荷重的结构上。搭设双层架时，上下支架必须对齐，同时支架间应绑斜撑拉固。

（11）砌墙高度超过 4m 时，必须在墙外搭设能承受 160kg 重的安全网或防护挡板。多层建筑应在二层和每隔四层设一道固定的安全网。同时再设一道随施工高度提升的安全网。

（12）拆除脚手架，周围应设围栏或警戒标志，并设专人看管，禁止人员入内。拆除应按顺序由上而下，一步一清，不准上下同时作业。

（13）拆除脚手架大横杆、剪刀撑，应先拆中间扣，再拆两头扣，由中间操作人往下顺杆子。

（14）拆下的脚手杆、脚手板、钢管、扣件、钢丝绳等材料。应向下传递或用绳吊下，禁止往下投扔。

3.7　高空作业安全操作规程

（1）从事高空作业要定期体检。经医生诊断，凡患高血压、心脏病、贫血病、癫痫病以及其他不适于高空作业的，不得从事高空作业。

（2）高空作业衣着要灵便，禁止穿硬底和带钉易滑的鞋。

（3）高空作业所用材料要堆放平稳，工具应随手放入工具袋（套）内。上下传递物件禁止抛掷。

（4）遇有恶劣气候（如风力在六级以上、大雾、暴雨等）影响施工安全时，禁止进行露天高空、起重和打桩作业。

（5）用于高空作业的梯子不得缺档，不得垫高使用。梯子的横档间距以 30cm 为宜。使用时上端要扎牢，下端应采取防滑措施。单面梯与地面夹角 60°～70°为宜，禁止二人同时在梯上作业。如需接长使用，应绑扎牢固。人字梯底脚要拉牢。在通道处使用梯子，应有人监护或设置围栏。

（6）没有安全防护设施，禁止在屋架的上弦、支撑、桁条、挑架的挑梁和未固定的构件上行走或作业。高空作业与地面联系，应设通信装置，并专人负责。

3.8 电工安全操作规程

（1）所有绝缘、检查工具应妥善保管，严禁它用，并定期检查、校验。

（2）现场施工用高、低电压设备及线路，应按照与施工设计有关的电气安全技术规程安装和架设。

（3）线路上禁止带负荷接电，并禁止带电操作。

（4）有人触电，应立即切断电源，进行急救；电气着火，应立即将有关电源切断，并使用干粉灭火器或干砂灭火。

（5）安装高压油开关、自动空气开关等有返回弹簧的开关设备时应将开关置于断开位置。

（6）多台配电箱并列安装，手指不得放在两盘的结合处，不得摸连拉接螺孔。

（7）用摇表测定绝缘电阻，应防止有人触及正在测电的线路或设备。测定容性或感性设备、材料后，必须放电。雷电时禁止测定线路绝缘。

（8）电流互感器禁止开路，电压互感器禁止以短路或升压方式运行。

（9）电气材料或设备需放电时，应穿戴绝缘防护用品，用绝缘棒安全放电。

（10）现场配电高压设备，不论带电与否，单人值班不准超越遮拦和从事修理工作。

（11）人工立杆，所用叉木应坚固完好，操作时，互相配合，用力均衡。机械立杆，两侧应设溜绳。立杆时坑内不得有人，基坑夯实后，方准拆去叉木或拖拉绳。

（12）登杆前，杆根应夯实牢固。旧木杆杆根单侧腐朽深度超过杆根直径的 1/8 以上时，应经加固后，方能登杆。

（13）登杆操作脚扣应与杆径相适应。使用脚踏板，钩子应向上。安全带应拴于安全可靠处，扣环扣牢，不准拴于瓷瓶或横担上。工具、材料应用绳索传递，禁止上下抛扔。

（14）杆上紧线应侧向操作，并将夹螺栓拧紧。有角度的导线，应在外侧作业。调整拉线时，杆上不得有人。

（15）紧线用的铁丝或钢丝绳，应能承受全部拉力，与导线的连接，必须牢固。紧线时，导线下方不得有人。单方向紧线时，反方向设置临时拉线。

（16）架线时在线路的每 2～3km 处，应接地一次，送电前必须拆除，如遇雷雨，停止工作。

（17）电缆盘上的电缆端头，应绑扎牢固。放线架、千斤顶应设置平稳，线盘应缓慢转动，防止脱杆或倾倒。电缆敷设至拐弯处，应站在外侧操作。木盘上钉子应拔掉或打弯。

（18）变配电室内外高压部分及线路，停电工作时：

① 切断所有电源，操作手柄应上锁或挂标示牌。

② 验电时应戴绝缘手套，按电压等级使用验电器，在设备两侧各相或线路各相分别验电。

③ 验明设备或线路确认无电后，即将检修设备或线路做短路接地。

④ 装设接地线，应由二人进行，先接接地端，后接导体端，拆除时顺序相反。拆、接时均应穿戴绝缘防护用品。

⑤ 接地线应使用截面不小于 $25mm^2$ 的多股软裸铜线和专用线夹。严禁用缠绕的方法，进行接地和短路。

⑥ 设备或线路检修完毕，应全面检查无误后方可拆除临时短路接地线。

（19）用绝缘棒或传动机械拉、合高压开关，应戴绝缘手套。雨天室外操作时，除穿戴绝缘防护用品以外，绝缘棒应有防雨罩，并有人监护。严禁带负荷拉、合开关。

（20）电气设备的金属外壳，必须接地或接零。同一设备可做接地和接零。同一供电网不允许有的接地、有的接零。

（21）电气设备所用保险丝（片）的额定电流应与其负荷容量相适应。禁止用其他金属线代替保险丝（片）。

（22）施工现场夜间临时照明电线及灯具，高度应不低于 2.5m。易燃、易爆场所，应用防爆灯具。

（23）照明开关、灯口及插座等，应正确接入火线及零线。

3.9 电焊工安全操作规程

（1）电焊机外壳，必须接零接地良好，其电源的拆装应由电工进行。现场使用的电焊机应设有可防雨、防潮、防晒的机棚，并备有消防器材。

（2）电焊机要设单独的开关，开关应放在防雨的闸箱内，拉合时应戴手套侧向操作。

（3）焊钳与把线必须绝缘良好，连接牢固，更换焊条应戴手套，在潮湿地点工作，应站在绝缘胶板或木板上。

（4）严禁在带压力的容器或管道上施焊，焊接带电和设备应切断电源。

（5）焊接储存易燃、易爆、有毒物品的容器或管道，应清除干净，将所有的孔口打开。

（6）在密闭金属容器内施焊时，容器可靠接地，通风良好，并应有人监护。严禁向容器内输入氧气。

（7）焊接预热工件时，应有石棉布或挡板等隔热措施。

（8）焊线、地线、禁止与钢丝绳子接触，不得用钢丝绳或机电设备代替零线，所有地线接头，应连接牢固。

（9）更换场地移动焊线时，应切断电源，并不得用手持焊线爬梯登高。

（10）消除焊渣时，应戴防护眼镜或面罩，防止铁渣飞溅伤人。

（11）多台焊机一起集中施焊时，焊接平台或焊件必须接零接地，并有隔光板。

（12）钍钨机要放置在密闭铅盒内，磨削钍钨机时，必须戴手套、口罩，将粉尘及时排除。

（13）二氧化碳气体预热器的外壳应绝缘，端电压不应大于 36V。

（14）雷雨时，应停止露天焊接。

（15）施焊场地周围应清除易燃易爆物品，或进行覆盖、隔离。

（16）必须在易燃易爆气体或液体扩散区施焊时，应经有关部门检查许可后，方可施焊。

（17）工作结束后，应切断焊机电源，并检查操作地点确认无起火危险后，方可离开。

3.10　气焊（割）工安全操作规程

（1）施焊（割）场地周围应清除易燃易爆物品，或进行覆盖、隔离。

（2）必须在易燃易爆气体或液体扩散区施焊时，应经有关部门试检许可后，方可进行。

（3）施工现场禁止使用乙炔发生器，只能使用乙炔瓶或液化石油气瓶。

（4）氧气瓶、乙炔瓶（液化石油气瓶）、压力表及焊割工具上，严禁沾染油脂。

（5）氧气瓶、乙炔瓶（液化石油气瓶）不得放置在电线的正下方，乙炔瓶或液化石油气瓶与氧气瓶不得同放一处，气瓶存放和使用间距必须大于5m，距易燃、易爆物品和明火的距离，不得少于10m。检验是否漏气，要用肥皂水，严禁用明火。

（6）氧气瓶、乙炔瓶应有防震胶圈和防护帽，并旋紧防护帽，避免碰撞和剧烈震动；并防止曝晒。

（7）点火时，焊枪口不准对人，正在燃烧的焊枪不得放在工件或地面上。带有乙炔和氧气时，不准放在金属容器内，以防气体逸出，发生燃烧事故。

（8）不得手持连接胶管的焊枪爬梯、登高。

（9）高空焊接或切割时，必须挂好安全带，焊接周围如下方应采取防火措施，并有专人监护。

（10）严禁在带压的容器或管道上焊、割，带电设备应先切断电源。

（11）在贮存过易燃、易爆及有毒物品的容器或管道上焊、割时，应先清除干净，并将所有的孔、口打开。

（12）铅焊时，场地应通风良好，皮肤外露部分应涂护肤油脂。工作完毕应洗漱。

（13）工作完毕，应将氧气瓶、乙炔瓶气阀关好，拧上防护罩。

（14）压力表及安全阀应定期校验。

3.11　机械操作工安全操作规程

（1）内燃机摇车启动时，应五指并拢握紧摇柄，从下向上提动，禁止从上向下硬压，或连续摇转。用手拉绳启动时，不准将绳绕在手上。

（2）内燃机温度过高而需要打开水箱盖时，防止蒸汽或水喷出烫伤。

（3）发电机室应设置砂箱和四氯化碳灭火机等防火设备。

（4）发电机到配电盘和一切用电设备上的导线，必须绝缘良好，接头牢固，并架设在绝缘支柱上，不准拖在地面上。

（5）发电机运转时，严禁人体接触带电部分。必须带电作业时，应有绝缘防护措施。

（6）空气压缩机的输气管应避免急弯，打开送风阀前，必须事先通知工作地点的有关人员。

（7）空气压缩机出气口处不准有人工作。储气罐放置地点应通风，严禁日光曝晒和高温烘烤。

（8）空气压缩机的压力表、安全阀和调节器等应定期进行校验，保持灵敏有效。

（9）发现气压表、机油压力表、温度表、电流表的指示值突然超过规定或指示不正常，发生漏水、漏气、漏电、漏油或冷却液突然中断，发生安全阀不停放气或空气压缩机声响不正常等情况，而且不能调整时，应立即停车检修。

（10）严禁用汽油或煤油洗刷曲轴箱、滤清器或其他空气通路的零件。

（11）蛙式打夯机手把上应装按钮开关，并包绝缘材料。操作时应戴绝缘手套。

（12）砂轮机不准装倒顺开关，旋转方向禁止对着主要通道。

（13）砂轮机工件托架必须安装牢固，托架平面要平整。

（14）操作时，应站在砂轮侧面。不准两人同时使用一个砂轮。

（15）砂轮不圆、有裂纹和磨损剩余部分不足 25mm 的不准使用。

（16）手提电动砂轮的电源线，不得有破皮漏电。使用时要戴绝缘手套，先启动，后接触工件。

（17）手电钻的电源线不得有破皮漏电，使用时应戴绝缘手套。

（18）手电钻操作时，应先启动后接触工件。钻薄工件要垫平垫实，钻斜孔要防止滑钻。

（19）手电钻操作时不准用身体直接压在上面。

（20）倒链的链轮盘、倒卡、链条，如有变形和扭曲，严禁使用。

（21）操作时，不准站在倒链正下方。重物需要在空间停留时间较长时，要将小链拴在大链上。

（22）千斤顶操作时，应放在平整坚实的地方，并用垫木垫实。

（23）千斤顶的丝杆、螺母如有裂纹，禁止使用。

（24）使用油压千斤顶，禁止站在保险塞对面，并不准超载。

（25）千斤顶提升最大工作行程，不应超过丝杆或齿条全长的 75%。

3.12　机械维修工安全操作规程

（1）工作环境应干燥整洁，不得堵塞通道。

（2）多人操作的工作台，中间应设防护网，对面方向朝着时应错开。

（3）清洗用油、润滑油脂及废油渣及废油、棉纱不得随地乱丢，必须在指定地点存放。

（4）扁铲、冲子等尾部不准淬火；出现卷边裂纹时应及时处理；剔铲工件时应防止铁屑飞溅伤人；活动扳手不准反向使用；打大锤不准戴手套；大锤甩转方向不准有人。

（5）用台钳夹工作，应夹紧夹牢，所夹工件不得超出钳口最大行程的 2/3。机械解体要用支架，架稳垫实，有回转机构的要卡牢。

（6）修理机械应选择平坦坚实地点，支撑牢固。使用千斤顶时，须用直立垫稳。

（7）不准在发动着的车辆下面操作。架空试车，不准在车辆下面工作或检查，不准在车辆前方站立。

（8）检修机械前必须先切断电源，锁好开关箱，应挂有"正在修理，禁止合闸开动"标志。非检修人员，一律不准发动或转动。检修时，不准将手伸进齿轮箱或用手指找正对孔。

（9）严禁未拉闸断电，擅自检修机械设备或机具。

（10）设备检修后应先接零接地，后接电源，未接零接地前，禁止送电试机。

（11）试车时应随时注意各种仪表、声响等，发现不正常情况，应立即停车。

3.13　物料提升机（井字架）工安全操作规程

（1）卷扬机作业人员须经培训，熟悉井字架和卷扬机技术性能、机械性能、安全知识和管理制度，考核合格后，持证上岗。不准将机交给无证人员操作。

（2）卷扬机操作棚必须符合防雨、防火和抗冲击的要求，控制台、井架、卷扬机和开关箱及接电源线安装完毕后，必须经验收合格挂牌后，方可作用。

（3）操作前必须认真检查卷扬制动、升高限位、停层、防断绳、联络信号等12项安全装置是否灵敏有效，钢丝绳是否完好，井架垂直度是否符合要求，传动位的钢丝绳不准有接头，缆风绳或架体与结构拉结是否牢固，并空载试运行，确认正常，才可操作。

（4）井架各层联络要有明确信号和楼层标记，使用对讲机时，防止多层信号干扰，信号不清不得开机，防止误操作。但作业中，不论任何人发出紧急停机信号，应立即执行。

（5）吊笼堆料应均匀，零星物料应用载器放载，严禁超载、超高、超长，严禁载人上落。严禁人员攀登、穿越提升机架体和架底。

（6）操作时精神集中，不得离开岗位。在开机中，要密切注意平台口、通道口等处是否有装运工人将头手伸入井架架体内或爬架或穿过吊笼底部，防止意外事故。有人在吊笼内未离开前，不准开机。

（7）遇六级及其以上大风或大雨时，应停止作业。

（8）发生故障或停电，必须采用按动卷扬机刹车吸铁慢速地将吊笼放于地面。

（9）卷扬机放尽钢丝绳时必须保持不少于3圈在卷筒上，上升吊笼收卷钢丝绳应保持排列整齐。运行中严禁用手或脚去调整排列或检修、保养。

（10）井架上的平撑拉结、斜撑、缆风绳、各种安全装置安全防护和标志等严禁随意拆除，施工需要拆除井架内侧斜撑，应经工长批准，也不准连续拆除3个标准节内侧的斜撑。

（11）井架三向外侧的安全网防护，必须随井架升高及时满挂。井架必须高于顶层作业层平台口6～8m，确保吊笼升高的余位。

（12）高速组合井架必须层层与建筑结构边梁附着，在无附着装置情况下的自由高度应符合产品说明书。

（13）工作中要听从指挥人员的信号，当信号不明或可能引起事故时，应先停机待信号明确后方可继续作业。

（14）井架在运转中，不得进行任何维修保养、调整工作。

（15）作业完毕后应切断电源，锁好操纵箱，关闭总电源，盖好防护罩。

（16）夜间工作时，工作场地应有足够照明装置。

（17）做好清洁、润滑保养工作。

3.14　起重机司机安全操作规程

（1）各种起重机操作人员应经培训考试合格取得特种作业人员操作证后，凭操作证操作，严禁无证开机。

（2）各种起重机应装设标明机械性能指示器，并根据需要安设卷扬限制器、载荷控制器、联锁开关等装置。轨道式起重机应安置行走限位器及夹轨钳。使用前应检查试吊。

（3）钢丝绳在卷筒上必须排列整齐，尾部卡牢，工作中最少保留 3 圈以上。

（4）两机或多机抬吊时，必须有统一指挥，动作配合协调，吊重应分配合理，不得超过单机允许起重量的 80%。

（5）遇有下列情况严禁起吊：

① 起重指挥信号不明或乱指挥不吊；

② 超负荷不吊；

③ 工件紧固不牢不吊；

④ 吊物上有人不吊；

⑤ 安全装置不灵不吊；

⑥ 工件埋在地下不吊；

⑦ 斜拉工件不吊；

⑧ 光线阴暗看不清不吊；

⑨ 小配件或短料盛得过满不吊；

⑩ 棱角物件没有采取包垫等护角措施不吊。

（6）起吊时起重臂下不得有人停留和行走，起重臂、物件必须与架空电线保持安全距离。

（7）起吊物件应拉溜绳，速度要均匀，禁止突然制动和变换方向，平移应高出障碍物0.5m 以上，下落应低速轻放，防止倾倒。

（8）物件起吊时，禁止在物件上站人或进行加工；必须加工时，应放下垫好并将吊臂、吊钩及回转的制动器刹住，司机及指挥人员不得离开岗位。

（9）起吊在满负荷或接近满负荷时，严禁降落臂杆或同时进行两个动作。

（10）起吊重物严禁自由下落，重物下落应用手刹或脚刹控制缓慢下降。

（11）起重机停止作业时，应将起吊物件放下，刹住制动器，操纵杆放在空挡，并关门上锁。

3.15　移动式起重机司机安全操作规程

移动式起重机含：履带式起重机、轮胎式起重机、汽车式起重机等。

（1）起重机操作人员应经培训考试合格取得特种作业人员操作证后，凭操作证操作，严禁无证开机。

（2）移动式起重机发动机启动前应分开离合器，并将各操纵杆放在空挡位置上。同机操作人员互相联系好后方可启动。

（3）履带式起重机吊物行走时，臂杆应在履带正前方，离地高度不得超过 50cm，回转、臂杆、吊钩的制动器必须刹住。起重机不得作远距离运输使用。

（4）移动式起重机行走拐弯时不得过快过急。接近满负荷时，严禁转弯，下坡时严禁空挡滑行。

（5）用变换挡位起落臂杆操纵的起重机，严禁在起重臂未停稳时，变换挡位，以防滑杆。

（6）轮胎式、汽车式起重机禁止吊物行驶。工作完毕起腿、回转臂杆不得同时进行。

（7）汽车式起重机行驶时，应将臂杆放在支架上，吊钩挂在保险杠的挂钩上，并将钢丝绳拉紧。

（8）汽车式全液压起重机还必须遵守下列规定：

① 作业前应将地面处理平坦放好支腿，调平机架。支腿未完全伸出时，禁止作业。

② 有负荷时，严禁伸缩臂杆。接近满负荷时，应检查臂杆的挠度。回转不得急速和紧急制动，起落臂杆应缓慢。

③ 操作时，应锁住离合器操纵杆，防止离合器突然松开。

3.16　起重工安全操作规程

（1）起重工应经培训考试合格取得特种作业人员操作证后，凭操作证操作，严禁无证操作。

（2）起重指挥应由技术熟练、熟悉起重机械性能的人员担任。指挥时应站在能够照顾到全面工作的地点，所发信号应事先统一，并做到准确、洪亮和清楚。

（3）80t 以上的设备和构件，风力达五级时应停止吊装。

（4）所有人员严禁在起重臂和吊起的重物下面停留或行走。

（5）使用卡环应使长度方向受力，抽销卡环应预防销子滑脱，有缺陷的卡环严禁使用。

（6）起吊物件应使用交互捻制的钢丝绳（安全系数见下附表3-1）。钢丝绳如有扭结、变形、断丝、锈蚀等异常现象，应及时降低使用标准或报废（见下附表3-2）。

钢丝绳的安全系数　　　　　　　　　　　　　　　　　　　　附表 3-1

钢丝绳的用途	安全系数	钢丝绳的用途	安全系数
缆风绳	3.5	作吊索无弯曲	6～7
缆索起重机承重绳	3.75	作捆绑吊索	8～10
手动起重设备	4.5	用于载人的升降机	14
机动起重设备	5～6		

钢丝绳断丝折减或报废标准（1个节距内）　　　　　　　　附表 3-2

折减或报废	钢丝绳种类（交互捻制）			
	6×19+1	6×24+1	6×37+1	6×61+1
1.00	0～5	0～7	0～10	0～15
0.90	6～10	8～14	11～20	16～25
0.80	11～16	15～20	21～30	26～40
报废	16 以上	20 以上	30 以上	40 以上

　　（7）编结绳扣（千斤）应使各股松紧一致，编结部分的长度不得小于钢丝绳直径的 15 倍，并且不得短于 300mm。用卡子连成绳套时，卡子不得少于 3 个。

　　（8）地锚（桩）应按施工方案确定的规格和位置设置，如发现有沟坑、地下管线等情况，应及时报告施工负责人采取措施。

　　（9）使用绳卡，应将有压板的放在长头一面。其应用范围应符合下列规定（附表3-3）。

绳卡应用范围　　　　　　　　附表 3-3

绳卡型号	卡杆直径 （mm）	允许承载力 （t）	适用于钢丝绳直径 （mm）	绳卡间距 （mm）	绳卡使用数量 （个）
Y2-2	M6	0.72	7.4～8	90	3
Y2-8	M8	1.28	8.7～9.3	90	3
Y3-10	M10	2.00	11	90	3
Y4-12	M12	2.40	12.5～14	100	3
Y5-15	M14	2.88	15～17.5	100	3
Y6-20	M16	5.12	18.5～20	120	4
Y7-22	M18	6.48	22.1～23.5	140	4
Y8-25	M20	8.00	24～26.5	160	5
Y9-28	M22	9.68	28～31	180	5
Y10-32	M24	12.10	32.5～37	200	5
Y11-40	M25	12.50	39～44.5	250	6
Y12-45	M27	14.80	46.5～50.5	300	6
Y13-50	M30	18.00	52～56	300	6
			60 以上	350	7

　　（10）使用 2 根以上绳扣吊装时，绳扣间的夹角若大于 100°，应采取防止滑钩等措施。

　　（11）用 4 根绳扣吊装时，应在绳扣间加铁扁担等调节其松紧度。

　　（12）使用开口滑车必须扣牢。禁止人员跨越钢丝绳和停留在钢丝绳可能弹及的地方。

　　（13）起吊物件，应合理设置溜绳。

　　（14）组装起重桅杆应用芒刺对孔。高空拧紧和拆卸螺丝应用固定扳手，如用活动扳手应系安全带。

　　（15）捆转向滑车或定滑车，捆绕数不宜多，并须排列整齐、受力均匀。捆绑定滑车应有防滑措施，但起重量大的定滑车应用吊环。

（16）缆风应合理布置，松紧均匀。缆风与桅杆顶应用卡环连接；缆风与地锚连接后，应用绳卡轧死。

（17）缆风跨越马路时，架空高度应不低于7m。

（18）缆风与高压线之间应有可靠的安全距离。如需跨过高压线，应采取停电、接地、搭设防护架等安全措施。

（19）桅杆移动的倾斜幅度，当采用间歇法移动时，不宜超过桅杆高度的1/5；当采用连续法移动时，则应为桅杆高度的1/20～1/15。相邻缆风要交错移位。

（20）装运易倒构件应用专用架子，卸车后应放稳搁实，支撑牢固。

（21）起吊屋架由里向外起板时，应先起钩配合降伸臂；由外向里起板时，应先起伸臂配合起钩。

（22）就位的屋架应搁置在道木或方木上，两侧斜撑一般不少于3道。禁止斜靠在柱子上。

（23）使用抽销卡环吊构件时，卡环主体和销子必须系牢在绳扣上，并应将绳扣收紧。严禁在卡环下方拉销子。

（24）引柱子进杯口，撬棍应反撬。临时固定柱的楔子每边需2只，松钩前应敲紧。

（25）无缆风校正柱子应随吊随校。但偏心较大、细长、杯口深度不足柱子长度的1/20或不足60cm时，禁止无缆风校正。

（26）禁止将物件放在板形构件上起吊。吊装不易放稳的构件，应用卡环，不得用吊钩。

（27）设备吊装三脚架（三木塔）下脚应相对固定，倒链应挂在正中，移动时应防止倾倒。

（28）装运重心高、偏心大或易滚动的设备等，应合理搁置，并采取稳固措施。

（29）用顶升法装车，托梁应有足够的长度和强度。顶升速度应一致，前后应交错进行，高差不宜过大。

（30）用滚动法装卸车时，滚道的坡度不得大于20°，滚道的搭设应平整、坚实，接头错开。滚动的速度不宜太快，必要时应设溜绳。在滚道一侧的车体下面应用枕木垫实。

（31）使用管子（滚杠）拖运设备，管子的粗细应一致，其长应比托板宽度长50cm。填管子，大拇指应放在管子的上表面，其他四指伸入管内，严禁戴手套和一把抓管子。

（32）旋转法起吊时，设备的中心线、桅杆和基础中心应在同一平面内。采用多根主缆风时，应有调节受力的装置。在滑车组的相反方向应有制动措施。

（33）采用人字桅杆起板法吊装时，桅杆两腿闹的夹角应不大于45°，受力方向应在两腿的中间。桅杆的高度，应为设备长度的1/2.5～1/2。桅杆两腿和设备绞座应放在一起。

（34）滑行法吊装应遵守下列各项：

① 两桅杆或四桅杆吊装时，桅杆的前倾或后仰应一致，并选用同种型号同速卷扬机。

② 设备直径大于3m时应设两套溜绳，其间要有平衡轮调节，使滑车受力一致；设备直径小子3m时，可设一套溜绳，但设备中心线、溜绳与基础中心应在同一直线上。

③ 溜绳的滑车组，应有防止扭转的措施。

④ 负载的独脚桅杆倾斜时，应用卷扬机松缆风，并确保缆风受力均匀。

3.17　打桩机司机安全操作规程

（1）各种桩机操作人员应经培训考试合格取得特种作业人员操作证后，凭操作证操作，严禁无证操作。

（2）桩架应垂直，桩架前倾不得超过 5°，后仰不得超过 18°。

（3）吊桩钢丝绳与导杆的夹角不得大于 30°。吊桩应按起重工操作规程操作。吊预制桩时，严禁斜位、斜吊。

（4）插桩后应将吊锤的钢丝绳稍许放松，以防锤头打下时，猛拉钢丝绳，吊锤钩头应锁住。

（5）柴油锤桩机，吊锤、吊桩必须使用卷扬机的棘轮保险。桩锤起动打桩前应拉开机械锁，使吊锤齿爪缩回，起动钩伸出后方可起动，防止将锤体吊离桩顶发生倒桩事故。

（6）柴油锤桩机，用调整供油量控制落锤高度，见到上活塞第二道活塞环时，必须停止锤击。

（7）柴油锤桩机，打桩作业结束时，汽缸应放在活塞座上。桩锤应用方木垫实或用销子锁住。

（8）振动沉桩时，禁止任何人停留在机架下部。振动拔校时，应垂直向上，边振边拔。

（9）静力压桩机的施工场地应平整夯实，坡度不大于 3%，无积水，确认无地下埋藏物。

（10）静力压桩机的电源电缆必须架空，电箱和电动机接地接零保护线牢固可靠，触电保护器动作灵敏有效，不得在高低压电线下压桩，移动桩机时必须保持与高压线安全距离不小于 6m。

（11）作业前，应检查液压系统连接部位是否牢靠，进行空载运转，检查有无漏油、压力表、安全阀是否正常，确认安全可靠后，方可作业。

（12）打桩作业中，应设置警戒区域，禁止行人通过或站立停留。

（13）桩机发生故障时，应断电、停机，报告机修组检修，不得擅自检修，禁止未停机时检修或接桩。

（14）遇大雨、大雾或六级及其以上大风时，应立即停止打桩作业，并加固桩机。

3.18　打桩工安全操作规程

（1）用扒杆安装塔式桩架时，升降扒杆动作要协调，到位后拉紧缆风，绑牢底脚。组装时应用工具找正螺孔，严禁把手指伸入孔内。

（2）安装履带式及轨道式柴油打桩机，连接各杆件应放在支架上进行。竖立导杆时，必须锁住履带或用轨钳夹紧，并设置溜绳。

（3）导杆升到 75°时，必须拉紧溜绳。待导杆竖直装好撑杆后，溜绳方可拆除。

（4）移动塔式桩架时，禁止行人跨越滑车组。

（5）横移直式桩架时，左右缆风要有专人松紧，两个鬃头要同时绕，底盘距扎沟滑轮不得小于 1m。

（6）纵向移动直式桩架时，应将走管上扎沟滑轮及木棒取下，牵引钢丝绳及其滑车组应与桩架底盘平行。

（7）绕鬈头应戴帆布手套，手距鬈头不得小于 60cm。

（8）一根钢丝绳头不准同时绕在两个鬈头上，若发生克索应立即停车反转解除。

（9）移动桩架和停止作业时，桩锤应放在最低位置。

（10）吊桩前应将桩锤提升到一定位置固定牢靠，防止吊桩时桩锤坠落。

（11）起吊时吊点必须正确，速度要均匀，桩身应平稳，必要时桩架应设缆风。

（12）桩身附着物要清除干净，起吊后人员不准在桩下通过。吊桩与运桩发生干扰时，应停止运桩。

（13）插桩时，手脚严禁伸入桩与龙门之间。

（14）打桩时应采取与桩形、桩架和桩锤相适应的桩帽及衬垫，发现损坏应及时修整或更换。

（15）锤击不宜偏心，开始落距要小。如遇贯入度突然增大，桩身突然倾斜、位移、桩头严重损坏、桩身断裂、桩锤严重回弹等应停止锤击，经采取措施后方可继续作业。

（16）套送桩时，应使送桩、桩锤和桩三者中心在同一轴线上。

（17）拔送桩时应选择合适的绳扣，操作时必须缓慢加力，随时注意桩架、钢丝绳的变化情况。

（18）送桩拔出后，地面孔洞必须及时回填或加盖。

（19）灌注桩桩管沉入到设计深度后，应将桩帽及桩锤升高到 4m 以上锁住，方可检查桩管或浇筑混凝土。

（20）耳环及底盘上骑马弹簧螺丝，应用钢丝绳绑牢，防止折断时落下伤人。耳环落下时必须用控制绳，禁止让其自由落下。

（21）钻孔灌筑桩浇筑混凝土前，孔口应加盖板，附近不准堆放重物。

3.19　机动车司机安全操作规程

（1）严格遵守交通规则和有关规定，驾驶车辆必须证、照齐全，不准驾驶与证件不符的车辆，严禁酒后开车。

（2）机动车发动前应将变速杆放在空挡位置，并拉紧手刹车。

（3）发动后应检查各种仪表、方向机构、制动器、灯光等是否灵敏可靠，并确认周围无障碍物后，方可鸣号起步。

（4）汽车涉水和通过漫水桥时，应事先查明行车路线，并需有人引车；如水深超过排气管时，不得强行通过；严禁熄火。

（5）在坡道上被迫熄火停车，应拉紧手制动器，下坡挂倒挡，上坡挂前越挡，并将前后轮楔牢。

（6）车辆通过泥泞路面时，应保持低速行驶，不得急刹车。

（7）在冰雪路面上行驶时，应装防滑链条，下坡时不得滑行，并用低速挡控制速度，禁止急刹车。

（8）车辆陷入坑内，如用车牵引，应有专人指挥，互相配合。

（9）气制动的汽车，严禁气压低于 2.5kg/cm² 时起步，若停放在坡道上，气压低于 4kg/cm² 时，不得滑行发动。

（10）货车载人，应按有关管理部门规定执行，任何人不得强令驾驶员违章带人，严禁人货混装。自卸汽车的车厢内严禁载人。

（11）装载构件和其他货物时，宽度左右各不得超出车厢 20cm，从地面算起不得超过 4m，长度前后共不得超过车身 2m，超出部分不得触地，并应摆放平稳，捆扎牢固，如装运异形特殊物件，应备专用搁架。

（12）运输超宽、超高和超长的设备和构件，除严格遵守交通部门的有关规定外，还必须事先研究妥善的运输方法，制定安全措施。

（13）装运易燃、易爆或其他危险品时，应遵守有关安全行车规定。

（14）自卸车发动后，应检视倾卸液压机构。

（15）配合挖土机装料时，自卸汽车就位后，拉紧手刹车。如挖斗必须超过驾驶室顶时，驾驶室内不得有人。

（16）自卸车卸料时，应选好地形，并检视上空和周围有无电线，障碍物以及行人。卸料后，车斗应及时复原，不得边走边落。

（17）向坑洼地卸料时，必须和坑边保持适当安全距离，防止边坡坍塌。

（18）重车下坡和转弯应减速慢行。下坡应提前换挡，不得中途换挡。

（19）检修倾卸装置时，应撑牢车厢，以防车厢突然下落伤人。

（20）机动翻斗车向坑槽或混凝土集料斗内卸料时，应保持适当安全距离和设置挡墩，以防翻车。

（21）机动翻斗车除驾驶员外，车上严禁带人。转弯时应减速，行驶中应注意来往行人及周围物料、设备。

3.20　土方机械司机安全操作规程

（1）土方机械均属场内机动车辆，司机按有关规定培训，并考核合格，持证上岗。

（2）机械启动前应将离合器分离或将变速杆放在空挡位置。确认机械周围无人和障碍物时，方可作业。

（3）行驶中人员不得上下机械和传递物件；禁止在陡坡上转弯、倒车和停车；下坡不准空挡滑行。

（4）停车以及在坡道上熄火时，必须将车刹住，刀片、铲斗落地。

（5）钢丝绳禁止打结使用，如有扭曲、变形、断丝、锈蚀等应及时更换。

（6）挖掘机操作中，进铲不应过深，提斗不应过猛。一次挖土高度一般不能高于 4m。

（7）挖掘机向汽车上卸土待车子停稳后进行，禁止铲斗从汽车驾驶室上越过。

（8）挖掘机铲斗回转半径内遇有推土机工作时，应停止作业。

（9）挖掘机行驶时，臂杆应与履带平行，要制动往回转机构，铲斗离地 1m 左右。上下坡时，坡度不应超过 20°。

（10）装运挖掘机时，严禁在跳板上转向和无故停车。上车后应刹住各制动器，放好臂杆和铲斗。

（11）装载机操纵手柄应平顺。臂杆下降时，中途不得突然停顿。

（12）行驶时，须将铲斗和斗柄的油缸活塞完全伸出，使铲斗、斗柄和动臂靠紧。

（13）推土机手摇启动时，必须五指并拢。用拉绳启动时不得将绳缠在手上。

（14）推土机使用钢丝绳牵引重物起步时，附近不得有人。

（15）向边坡推土，刀片不得超出，坡边并在换好倒挡后才能提升刀片倒车。

（16）推土机上下坡不得超过 35°，横坡行驶不得超过 10°。

（17）铲运机在新填的土堤上作业时，铲斗离边坡不得小于 1m。

（18）拖式铲运机上下坡不得超过 25°，横坡不得超过 6°。

（19）多台土方机械同时作业时，前后距离不得小于 10m。多台自行式铲运机两机间距不得小于 20m。

（20）压路机禁止在坡道上停车，必须停车时应将制动器制动住，并楔紧滚轮。

（21）2 台以上压路机碾压时，其间距应保持 3m 以上。

（22）自行式平地机，调头和转弯应减速。行驶时，必须将刮刀和齿把升到最高处，刮刀两端不得超出后轮胎外侧。

3.21 保温、防水工安全操作规程

（1）在紧固铁丝或拉铁丝网时，用力不得过猛，不得站在保温材料上操作或行走。

（2）从事矿渣棉、玻璃纤维棉（毡）等作业，衣领、袖口、裤脚应扎紧。

（3）地下设备、管道保温前，应先进行检查，确认无瓦斯、毒气、易燃易爆物或酸类等危险品，方可操作。

（4）聚苯乙烯使用电加热切割，应用 36V 电压。

（5）装运热沥青不准使用锡焊的金属容器，装入量不得超过容器深度的 3/4。

（6）苯、汽油应缓慢倒入粘结剂内并及时搅拌。调制时，距明火不少于 10m。

（7）在地下室、基础、池壁、管道、容器内等处进行有毒、有害的涂料防水作业，应定时轮换间歇，通风换气。

（8）患皮肤病、眼结膜病以及对沥青严重敏感的工人，不得从事沥青工作。沥青作业每班适当增加间歇时间。

（9）装卸、搬运、熬制、铺涂沥青，必须使用规定的防护用品，皮肤不得外露。装卸、搬运碎沥青，必须洒水，防止粉末飞扬。

（10）溶化桶装沥青，先将桶盖和气眼全部打开，用铁条串通后，方准烘烤，并经常疏通放油孔和气眼。严禁火焰与油直接接触。

（11）熬制沥青地点不得设在电线的垂直下方，一般应距建筑物 25m；锅与烟囱的距离应大于 80cm，锅与锅之距离应大于 2m；火口与锅边，应有 70cm 高的隔离设施。临时堆放沥青、燃料的场地，离锅不小于 5m。

（12）熬油必须由有经验的工人看守，要随时测量控制油温，熬油量不得超过油锅容量的 3/4，下料应慢慢溜放，严禁大块投放。下班熄火，关闭炉门，盖好锅盖。

（13）锅内沥青着火，应立即用铁锅盖盖住，停止鼓风，封闭炉门，熄灭炉火，并严禁在燃烧的沥青中浇水，应用干砂，湿麻袋灭火。

（14）配制冷底子油，下料应分批、少量、缓慢，不停搅拌，不得超过锅容量的 1/2，温度不得超过 80℃，并严禁烟火。

（15）装运沥青的勺、桶、壶等工具，不得用锡焊。盛油量不得超过容器的 2/3。肩挑或用手推车，道路要平坦，绳具要牢固。吊运时垂直下方不得有人。

（16）屋面铺贴卷材，四周应设置 1.2m 高围栏，靠近屋面四周沿应侧身操作。

参 考 文 献

[1] 地铁及地下工程建设风险管理指南(建质〔2007〕254号). 北京,2007.

[2] 城市轨道交通工程安全质量管理暂行办法(建质〔2010〕5号). 北京,2010.

[3] JTG F60—2009公路隧道施工技术规范. 北京:人民交通出版社,2009.

[4] GB 50299—1999地下铁道工程施工及验收规范. 北京:中国计划出版社,1999.

[5] GB 50446—2008盾构法隧道施工与验收规范. 北京:中国建筑工业出版社,2008

[6] DB 11/490—2007北京市地铁工程监控量测技术规程. 2007.

[7] GB 50497—2009建筑基坑工程监测技术规范. 北京,中国计划出版社,2009.

[8] YB 9258—97建筑基坑工程技术规范. 北京:冶金工业出版社,2004.

[9] 建设工程高大模板支撑系统施工安全监督管理导则(建质〔2009〕254号). 北京,2009.

[10] GB 50205—2001钢结构工程施工质量及验收规范. 北京:中国计划出版社,2002.

[11] GB 3096—2008声环境质量标准. 北京:中国环境科学出版社,2008.

[12] 杭州市建设工程施工安全管理条例. 杭州,2010.

[13] 杭州市建设工程文明施工管理规定(市府278号令). 杭州,2014.

[14] 杭州市建设工地临时用房及围挡安全管理办法(杭建工发〔2011〕394号). 杭州,2011.

[15] 浙江省建筑安全文明施工标准化工地管理办法(浙建建〔2005〕41号). 杭州,2015.